Peter Boge

Algorithmische Quanten Esoterik

Peter Boge

Algorithmische Quanten Esoterik

Entschlüsselung unsichtbarer Kräfte, die globale Finanzströme lenken

Sachbuch

Impressum

Bibliografische Information der Deutschen Nationalbibliothek: Die Deutsche Nationalbibliothek verzeichnet diese Publikation in der Deutschen Nationalbibliografie; detaillierte bibliografische Daten sind im Internet über http://dnb.dnb.de abrufbar.

Verlag: BoD · Books on Demand GmbH, Überseering 33, 22297 Hamburg, bod@bod.de

Druck: Libri Plureos GmbH, Friedensallee 273, 22763 Hamburg

Patreon: https://www.patreon.com/cw/authorpeterboge
Substack: https://substack.com/@peterboge
Authoren Webseite: https://peter.boge.com.gt/author/

ISBN: 978-3-6963-5579-1

Inhaltsverzeichnis

PROLOG

DIE UNSICHTBAREN KRÄFTE

DIE ENTSCHLÜSSELUNG ALGORITHMISCHER ESOTERIK

VON DEN TEMPELPRIESTERN MESOPOTAMIENS ZU DEN QUANTENALGORITHMEN DER FINANZMÄRKTE

„DIE MÄCHTIGSTEN KRÄFTE EINER EPOCHE SIND OFT JENE, DIE KAUM JEMAND SIEHT.“

Das Geräusch der Unsichtbarkeit

Es gibt keinen Glockenschlag, der den Beginn einer neuen Welt ankündigt.

Keine Fanfaren.

Keine Revolution auf den Straßen.

Die größten Umwälzungen der Geschichte geschehen meist lautlos.

Das Römische Reich zerfiel nicht an einem einzigen Tag.

Das Feudalsystem verschwand nicht über Nacht.

Die industrielle Revolution begann nicht mit einer offiziellen Erklärung.

Und auch die digitale Revolution wurde nicht ausgerufen.

Sie geschah.

Während die meisten Menschen weiterhin ihren Alltag lebten.

Heute erleben wir erneut einen solchen Übergang.

Doch diesmal betrifft er nicht nur unsere Werkzeuge.

Er betrifft die Struktur der Wirklichkeit selbst.

Die neue Unsichtbarkeit

Der moderne Mensch lebt in einer Welt, die von Entscheidungen geprägt wird, die er niemals sieht.

Wenn ein Flugticket plötzlich teurer wird.

Wenn ein Kredit genehmigt oder verweigert wird.

Wenn eine Aktie steigt.

Wenn eine Nachricht im sozialen Netzwerk erscheint.

Wenn Kapital in Milliardenhöhe einen Kontinent verlässt.

Dann steht hinter diesen Ereignissen immer seltener ein Mensch.

Zwischen Ursache und Wirkung liegt heute zunehmend ein Algorithmus.

Nicht als Werkzeug.

Sondern als eigenständige Instanz der Entscheidung.

Dies ist die eigentliche Revolution unserer Zeit.

Nicht die Digitalisierung.

Nicht das Internet.

Nicht künstliche Intelligenz.

Sondern die Verlagerung von Entscheidungsmacht.

Von sichtbarer zu unsichtbarer Macht

Historisch war Macht erkennbar.

Der König trug eine Krone.

Der General führte eine Armee.
Der Priester sprach vor einer Gemeinde.
Der Fabrikbesitzer besaß seine Maschinen.
Macht hatte ein Gesicht.
Man konnte sie sehen.
Man konnte sie bekämpfen.
Man konnte sie stürzen.
Doch die Macht des 21. Jahrhunderts besitzt oft keinen Körper mehr.
Sie existiert als:

- mathematisches Modell
- Optimierungsfunktion
- neuronales Netzwerk
- Handelsalgorithmus
- Dateninfrastruktur

Die neue Macht ist nicht verborgen, weil sie geheim wäre.
Sie ist verborgen, weil sie zu komplex geworden ist.

Die Geburt der algorithmischen Esoterik

Das Wort „Esoterik" stammt aus dem Griechischen.

Es bezeichnete ursprünglich Wissen für einen inneren Kreis.

Wissen, das nicht für alle bestimmt war.

Die moderne Gesellschaft hält sich für das Gegenteil.

Wir glauben an:

- Transparenz
- Wissenschaft
- Öffentlichkeit
- Aufklärung

Doch paradoxerweise erzeugt genau diese Entwicklung neue Formen der Esoterik.

Nicht durch Geheimhaltung.

Sondern durch Komplexität.

Die meisten Menschen verstehen nicht:

- Geldschöpfung
- Derivate
- Hochfrequenzhandel
- neuronale Netze
- Kryptografie
- Quantencomputing

Nicht weil diese Systeme geheim sind.

Sondern weil ihre Komplexität die Grenzen menschlicher Intuition überschreitet.

So entsteht eine neue Form verborgenen Wissens.

Eine algorithmische Esoterik.

Die Finanzmärkte als Vorhut der Zukunft

Nirgendwo zeigt sich diese Entwicklung deutlicher als in den globalen Finanzmärkten.

Finanzmärkte waren schon immer Laboratorien der Macht.

Hier wurden Innovationen getestet, lange bevor sie die Gesellschaft erreichten:

- doppelte Buchführung
- Versicherungen
- Zentralbanken
- globale Kommunikation
- Computerisierung

Heute fungieren die Märkte erneut als Experimentierfeld.
Diesmal für Maschinen.
Bereits jetzt wird ein erheblicher Teil des Handelsvolumens nicht mehr von Menschen ausgelöst.

Sondern von Systemen.
Diese Systeme analysieren:

- Nachrichtenströme
- Satellitendaten
- Wetterdaten
- Lieferketten
- soziale Medien
- geopolitische Ereignisse

und reagieren in Zeiträumen, die menschliche Wahrnehmung nicht mehr erfassen kann.

Der Mensch beobachtet.

Die Maschine handelt.

Der Übergang vom Denken zur Berechnung

Hier liegt die eigentliche Zäsur.
Frühere Generationen gingen davon aus, dass Entscheidungen aus Denken entstehen.
Ein Mensch analysiert.
Ein Mensch urteilt.
Ein Mensch entscheidet.
Doch moderne Systeme folgen einer anderen Logik.
Sie verstehen nicht.
Sie berechnen.
Und dennoch erzielen sie oft bessere Ergebnisse.
Das stellt eine der tiefsten Annahmen der Moderne infrage:
Die Vorstellung, dass Verständnis Voraussetzung für Handlung ist.
Maschinen handeln erfolgreich, ohne zu verstehen.
Menschen verstehen oft, ohne erfolgreich zu handeln.
Zwischen beiden entsteht ein wachsender Machtunterschied.

Das Quantenparadigma

Die nächste Entwicklungsstufe könnte bereits bevorstehen.

Der Begriff „Quantenhandel“ wird häufig missverstanden.

Es geht nicht primär um exotische Computer.

Es geht um eine neue Denkweise.

Die klassische Welt fragt:

> Welche Lösung ist die richtige?

Die Quantenwelt fragt:

> Welche Möglichkeiten existieren gleichzeitig?

Während traditionelle Systeme nach Antworten suchen, durchsuchen Quantensysteme ganze Landschaften möglicher Zukünfte.

Die Bedeutung dieser Veränderung kann kaum überschätzt werden.

Denn wer viele mögliche Zukünfte gleichzeitig analysieren kann, gewinnt einen Vorsprung gegenüber jenen, die nur eine Zukunft betrachten.

Macht wird damit zur Fähigkeit, Wahrscheinlichkeitsräume zu beherrschen.

Die neue Aristokratie

Jede Epoche erzeugt ihre Eliten.

Im Mittelalter war es der Adel.

Im Industriezeitalter die Fabrikbesitzer.

Im Finanzzeitalter die Bankiers.

Im algorithmischen Zeitalter entstehen neue Machtzentren.

Nicht unbedingt sichtbar.

Nicht unbedingt demokratisch legitimiert.

Aber von enormer Reichweite.

Die entscheidende Ressource lautet nun:

Vorhersage.

Wer Verhalten prognostizieren kann,

- Märkte,
- Konsumenten,
- Wähler,
- Staaten,

gewinnt strukturelle Macht.

Nicht durch Zwang.

Sondern durch Antizipation.

Die neue Finanzmetaphysik

An diesem Punkt berührt Technologie Philosophie.

Denn moderne Märkte entwickeln Eigenschaften, die früher religiösen Systemen zugeschrieben wurden.

Sie erscheinen:

- allgegenwärtig
- unsichtbar
- komplex
- unpersönlich

Sie belohnen und bestrafen. Sie erzeugen Wohlstand und Krisen.Sie beeinflussen Milliarden Menschen.

Doch niemand kontrolliert sie vollständig.

Dies erinnert an eine alte menschliche Erfahrung.

Die Begegnung mit Kräften, die größer erscheinen als das Individuum.

Früher nannte man sie Götter. Heute nennt man sie Märkte.

Morgen vielleicht Algorithmen.

Die eigentliche Frage

Dieses Buch handelt nicht von Computern.

Nicht von künstlicher Intelligenz. Nicht einmal primär von Finanzmärkten.

Es handelt von Macht.

Von der ältesten Frage der Zivilisation:

> Wer entscheidet?

Und einer neuen Frage:

> Was geschieht, wenn diejenigen, die entscheiden, keine Menschen mehr sind?

Vielleicht erleben wir keine technologische Revolution.

Vielleicht erleben wir die Entstehung einer neuen Form von Herrschaft.

Nicht durch Gewalt.

Nicht durch Ideologie.

Nicht durch Religion.

Sondern durch Berechnung.

Der Blick hinter den Vorhang

Die folgenden Kapitel sind eine Reise.

Von den Tempeln Mesopotamiens bis zu den Rechenzentren der Gegenwart.

Von den Priestern der Antike bis zu den Architekten künstlicher Intelligenz.

Von den ersten Buchhaltern bis zu den Entwicklern quanteninspirierter Modelle.

Es ist die Geschichte einer kontinuierlichen Suche nach Vorhersagbarkeit.

Nach Kontrolle.

Nach Ordnung.

Und damit die Geschichte der Macht selbst.

Denn die eigentliche Frage lautet nicht:

> Können Algorithmen die Welt verändern?

Sondern:

> Haben sie längst damit begonnen –
> während wir noch versuchen zu verstehen,
> was überhaupt geschieht?

Die Antwort auf diese Frage bestimmt möglicherweise die politische, wirtschaftliche und kulturelle Gestalt des 21. Jahrhunderts.

Und genau hier beginnt unsere Untersuchung.

DIE GENEALOGIE DER UNSICHTBAREN MÄCHTE

KAPITEL 1

DIE ERFINDUNG DER VERBORGENEN ORDNUNG

Wie Herrschaft aus Information entstand

> *„Die erste große Revolution der Menschheit war nicht die Landwirtschaft. Es war die Verwaltung der Landwirtschaft."*

Der Irrtum der sichtbaren Macht

Wenn Menschen über die Ursprünge von Macht nachdenken, stellen sie sich häufig Waffen vor.

Sie denken an:

- Könige
- Armeen
- Eroberungen
- Mauern
- Paläste

Doch diese Vorstellung greift zu kurz. Gewalt kann Herrschaft errichten. Sie kann sie jedoch nicht dauerhaft organisieren.

Kein König kann jeden Bauern überwachen. Keine Armee kann jede Ernte kontrollieren. Kein Herrscher kann Millionen Entscheidungen täglich selbst treffen.

Die eigentliche Grundlage jeder komplexen Gesellschaft war deshalb nie Gewalt allein.

Sie war Information. Die Geschichte der Macht beginnt nicht mit dem Schwert.

Sie beginnt mit der Liste.

Der Augenblick, in dem Zahlen wichtiger wurden als Muskeln

Vor etwa zehntausend Jahren veränderte sich die Menschheitsgeschichte grundlegend.

Jäger und Sammler wurden sesshaft.

Ackerbau entstand.

Mit dem Ackerbau entstand ein neues Problem.

Plötzlich mussten Menschen wissen:

- Wem gehört welches Feld?
- Wer schuldet wem Getreide?
- Wie groß sind die Vorräte?
- Wie viele Tiere besitzt eine Familie?
- Wie viele Arbeiter werden benötigt?

Die Natur war nicht länger das größte Problem.

Komplexität wurde das Problem.

Mit jeder zusätzlichen Person wuchs die Menge der Informationen exponentiell.

Es entstand ein neues Bedürfnis:

Verwaltung.

Und genau hier beginnt die Geschichte der unsichtbaren Macht.

Mesopotamien: Die Geburt der Informationsherrschaft

Die ersten Städte Mesopotamiens waren nicht nur religiöse Zentren.

Sie waren Datenzentren.

Die Tempel von Uruk, Eridu oder Lagasch fungierten als:

- Speicherhäuser
- Verwaltungszentren
- Archive
- Steuerbehörden
- Wirtschaftsplanungsstellen

In den Schulbüchern erscheint der Tempel oft als religiöser Ort.

Tatsächlich war er zugleich die erste Großverwaltung der Menschheitsgeschichte.

Der Priester war nicht nur Vermittler zwischen Menschen und Göttern.

Er war:

- Buchhalter
- Logistiker
- Wirtschaftsmanager
- Datenverwalter

Der Tempel organisierte die Gesellschaft.

Religion war dabei häufig die Legitimationsschicht über einem tieferen Verwaltungsapparat.

Die Erfindung der Schrift war keine literarische Revolution

Eine der größten Missverständnisse der Geschichte betrifft die Schrift.

Viele Menschen glauben:

Schrift entstand für Geschichten.

Für Gedichte.

Für Philosophie.

Die Archäologie zeigt etwas anderes.

Die ältesten Schriftzeichen dienten überwiegend der Buchhaltung.

Getreide.

Ziegen.

Arbeitsstunden.

Steuern.

Lieferungen.

Die ersten Schreiber notierten nicht Mythen.

Sie notierten Inventar.

Die Schrift entstand nicht aus dem Wunsch nach Ausdruck.

Sondern aus dem Bedürfnis nach Kontrolle.

Bevor Menschen Ideen verwalteten, verwalteten sie Vorräte.

Die erste Black Box

Für den gewöhnlichen Bauern waren die Verwaltungsmechanismen des Tempels kaum nachvollziehbar.

Er wusste:

- Er liefert Getreide.
- Der Tempel verteilt Ressourcen.
- Entscheidungen werden getroffen.

Doch die vollständige Logik des Systems blieb verborgen.

Nur wenige Menschen verstanden:

- die Aufzeichnungen
- die Berechnungen
- die Vorratsplanung
- die Verteilungsschlüssel

Hier entsteht etwas, das bis heute existiert:

Die Black Box.

Ein System, dessen Ergebnisse sichtbar sind, dessen innere Funktionsweise jedoch nur einer kleinen Elite zugänglich bleibt.

Die moderne Gesellschaft hält Black Boxes für ein Produkt der Computerära.

Tatsächlich begleiten sie die Zivilisation seit ihren Anfängen.

Die Geburt der Expertenklasse

Mit der Komplexität entstand eine neue soziale Gruppe.

Nicht die Stärksten.

Nicht die Reichsten.

Sondern diejenigen, die Informationen beherrschten.

Die Schreiber Mesopotamiens benötigten oft Jahre der Ausbildung.

Sie lernten:

- Zeichen
- Berechnungen
- Verwaltungsverfahren

Die Mehrheit der Bevölkerung blieb Analphabeten.

Dadurch entstand ein Informationsgefälle.

Dieses Gefälle wurde zu Macht.

Die Schreiber wurden zu den ersten Wissenseliten der Geschichte.

Sie waren die Vorfahren:

- moderner Bürokraten
- Ökonomen
- Statistiker
- Programmierer
- Datenwissenschaftler

Die Werkzeuge änderten sich.

Die Funktion blieb dieselbe.

Warum Menschen unsichtbare Systeme akzeptieren

Hier begegnen wir einer der wichtigsten Fragen dieses Buches.

Warum akzeptieren Menschen Systeme, die sie nicht verstehen?

Die Antwort ist überraschend einfach.

Weil diese Systeme funktionieren.

Der Bauer musste nicht verstehen, wie der Tempel rechnete.

Er musste lediglich erleben, dass:

- Vorräte vorhanden waren
- Bewässerung funktionierte
- Handel organisiert wurde

Legitimität entstand durch Ergebnisse.

Nicht durch Transparenz.

Dieses Prinzip begleitet die Menschheit bis heute.

Nur wenige Menschen verstehen:

- Zentralbanken
- globale Finanzmärkte
- Halbleiterproduktion
- neuronale Netze

Dennoch akzeptieren wir ihre Existenz.

Weil sie Ergebnisse erzeugen.

Die moderne Welt beruht auf Vertrauen in Systeme, die wir nicht vollständig nachvollziehen können.

Der unsichtbare Vertrag der Zivilisation

Jede komplexe Gesellschaft basiert auf einem stillschweigenden Tausch.

Die Mehrheit verzichtet auf vollständiges Verständnis.

Eine Minderheit übernimmt Verwaltung und Organisation.

Dafür verspricht sie:

- Ordnung
- Stabilität
- Wohlstand

Dieser Vertrag war die Grundlage:

- antiker Reiche
- mittelalterlicher Staaten
- moderner Demokratien

Doch er enthält ein Risiko.

Je größer die Informationsasymmetrie wird, desto größer wird die Macht der Verwalter.

Irgendwann versteht die Gesellschaft nicht mehr, wie die Systeme funktionieren, die sie tragen.

Dann entsteht Abhängigkeit.

Von der Tempelverwaltung zum Algorithmus

Auf den ersten Blick scheinen zwischen einem mesopotamischen Priester und einem Entwickler künstlicher Intelligenz Welten zu liegen.

Doch strukturell erfüllen beide dieselbe Rolle.

Beide verwalten Komplexität.

Beide übersetzen Realität in abstrakte Symbole.

Beide treffen Entscheidungen auf Grundlage von Informationen, die andere nicht vollständig verstehen.

Der Unterschied liegt lediglich im Medium.

Der Priester arbeitete mit Tontafeln.

Der Entwickler arbeitet mit Datenbanken.

Der Tempel verwaltete Getreide.

Der Algorithmus verwaltet Kapital.

Die Logik bleibt erstaunlich ähnlich.

Die eigentliche Erfindung

Die größte Erfindung Mesopotamiens war daher weder die Schrift noch die Stadt.

Es war die Erkenntnis, dass Gesellschaften durch Informationsstrukturen organisiert werden können.

Diese Entdeckung veränderte die Menschheitsgeschichte nachhaltiger als viele Kriege oder Dynastien.

Denn seit diesem Moment wurde Macht zunehmend unsichtbar.

Sie wanderte:

vom Muskel zur Information,

vom Krieger zum Verwalter,

vom sichtbaren Herrscher zum unsichtbaren System.

Die Geschichte der Zivilisation ist deshalb nicht nur die Geschichte von Königen und Reichen.

Sie ist die Geschichte jener verborgenen Ordnungen, die bestimmen, wer weiß, wer entscheidet und wer gehorcht.

KAPITEL 2

DIE PRIESTER DER ZAHLEN

Wie Mathematik zur unsichtbaren Sprache der Macht wurde

> *„Wer die Zahlen beherrscht, beherrscht die Muster. Wer die Muster beherrscht, beherrscht die Entscheidungen. Wer die Entscheidungen beherrscht, beherrscht die Welt.“*

Die zweite Revolution der Macht

Im vorherigen Kapitel haben wir gesehen, wie die ersten Hochkulturen eine neue Form von Herrschaft hervorbrachten: die Herrschaft durch Information.

Doch Informationen allein erzeugen noch keine Ordnung.

Listen, Vorratsverzeichnisse und Steuerregister können Daten sammeln, aber sie erklären nicht die Welt.

Mit dem Wachstum der frühen Zivilisationen entstand deshalb ein neues Bedürfnis:

Nicht nur zu wissen, **was ist**.

Sondern zu erkennen, **warum es geschieht**.

Hier beginnt die zweite große Revolution der Macht.

Die Geburt der Mathematik als universelle Sprache der Wirklichkeit.

Die Entdeckung der verborgenen Muster

Für die Menschen der Antike war die Welt voller scheinbarer Zufälle.

- Jahreszeiten wechselten.
- Flüsse traten über die Ufer.
- Sterne wanderten über den Himmel.
- Ernten gelangen oder scheiterten.

Doch irgendwann erkannten einige Beobachter etwas Erstaunliches:

Hinter dem Chaos verbargen sich Regelmäßigkeiten.

Die Sonne erschien in festen Zyklen.

Der Mond folgte wiederkehrenden Phasen.

Planeten bewegten sich nach Mustern.

Die Welt war nicht vollkommen chaotisch.

Sie war geordnet.

Und diese Ordnung ließ sich beschreiben.

Mit Zahlen.

Die Geburt der mathematischen Elite

Damit entstand eine neue Form von Wissen.

Während die Priester Mesopotamiens Vorräte verwalteten, begannen andere, die Struktur der Wirklichkeit selbst zu untersuchen.

Die frühen Astronomen waren keine Wissenschaftler im modernen Sinn.

Sie waren Machttechnologen.

Wer den Kalender kontrollierte, kontrollierte:

- die Aussaat
- die Ernte
- religiöse Feste
- Steuertermine

Die Fähigkeit, Himmelsbewegungen vorherzusagen, verlieh Autorität.

Nicht weil sie magisch war.

Sondern weil sie funktionierte.

Vorhersage wurde zur ersten Form wissenschaftlicher Macht.

Pythagoras und die Mystik der Zahl

Besonders deutlich zeigt sich dies bei dem griechischen Denker Pythagoras.

Heute erinnert man sich an ihn wegen eines geometrischen Lehrsatzes.

Doch seine Schule war weit mehr als eine mathematische Akademie.

Sie war eine Geheimlehre.

Für Pythagoras waren Zahlen keine Werkzeuge.

Sie waren die verborgene Substanz des Universums.

Die Pythagoreer glaubten:

Alles ist Zahl.

Musik.

Geometrie.

Astronomie.

Politik.

Selbst die Seele.

Hinter allen Erscheinungen vermuteten sie mathematische Verhältnisse.

Diese Idee mag heute exotisch erscheinen.

Tatsächlich bildet sie das Fundament der modernen Wissenschaft.

Und letztlich auch der modernen Finanzmärkte.

Die Macht der Vorhersage

Die Herrscher der Antike begriffen schnell den Wert mathematischen Wissens.

Ein General, der Truppenbewegungen berechnen konnte, besaß Vorteile.

Ein Baumeister, der Statik verstand, konnte Monumente errichten.

Ein Verwalter, der Erträge prognostizieren konnte, erhöhte die Steuereinnahmen.

Mathematik wurde damit zu einer Technologie der Zukunft.

Sie erlaubte erstmals:

- Planung
- Simulation
- Prognose

Das sind dieselben Funktionen, die heute moderne Algorithmen erfüllen.

Die Werkzeuge haben sich verändert.

Die Logik nicht.

Zahlen als neue Autorität

Ein tiefgreifender Wandel vollzog sich.

Früher legitimierte sich Macht durch:

- Abstammung
- Religion
- Tradition

Mit der Ausbreitung mathematischen Denkens entstand eine neue Quelle von Autorität:

Berechnung.

Nicht mehr allein der König hatte recht.

Sondern zunehmend derjenige, dessen Modell die Realität besser beschreiben konnte.

Hier liegt eine der Wurzeln moderner Technokratien.

Die Legitimation verschiebt sich:

von göttlicher Wahrheit

zu mathematischer Genauigkeit.

Die Erfindung der Wahrscheinlichkeit

Bis ins Mittelalter blieb Mathematik vor allem die Wissenschaft des Messbaren.

Dann geschah etwas Revolutionäres.

Menschen begannen, den Zufall selbst zu berechnen.

Aus Fragen des Glücksspiels entwickelte sich die Wahrscheinlichkeitsrechnung.

Die Arbeiten von Denkern wie Blaise Pascal und Pierre de Fermat führten zu einer Erkenntnis, die die moderne Welt verändern sollte:

Auch Unsicherheit besitzt Struktur.

Zufall ist nicht die Abwesenheit von Ordnung.

Er folgt statistischen Gesetzmäßigkeiten.

Diese Entdeckung veränderte alles.

Versicherungen.

Finanzmärkte.

Volkswirtschaften.

Demografische Prognosen.

Militärstrategien.

Moderne Staaten wurden zunehmend zu Maschinen der Wahrscheinlichkeitsverwaltung.

Die Vermessung der Gesellschaft

Im 18. und 19. Jahrhundert entstand eine weitere Revolution.

Regierungen begannen, ihre Bevölkerung systematisch zu zählen.

Geburten.

Todesfälle.

Steuern.

Berufe.

Krankheiten.

Zum ersten Mal wurde die Gesellschaft selbst zu einem mathematischen Objekt.

Hier entsteht die Statistik.

Der Begriff stammt vom Staat.

Statistik bedeutete ursprünglich:

Wissen über den Staat.

Die Bevölkerung wurde zu einer Datenlandschaft.

Menschen wurden zu Variablen.

Gesellschaft wurde berechenbar.

Die Geburt des modernen Orakels

Frühere Kulturen befragten Orakel.

Moderne Gesellschaften befragen Modelle.

Der Unterschied erscheint groß.

Doch strukturell sind die Parallelen bemerkenswert.

Beide versprechen:

- Orientierung
- Prognose
- Entscheidungsunterstützung

Wenn heute Zentralbanken Prognosen veröffentlichen, wenn Ökonomen Wachstumsmodelle erstellen oder Risikosysteme Finanzmärkte bewerten, geschieht etwas Ähnliches wie in antiken Heiligtümern:

Die Zukunft wird in eine Sprache übersetzt, die nur Spezialisten vollständig verstehen.

Der Unterschied liegt nicht in der Funktion.

Sondern in der Methodik.

Die unsichtbare Religion der Moderne

Die moderne Welt betrachtet sich als säkular.

Doch sie besitzt eigene Glaubenssysteme.

Eines davon ist der Glaube an die Zahl.

Wir vertrauen Zahlen oft stärker als Menschen.

Wenn ein Experte sagt:

„Ich glaube ..."

bleiben wir skeptisch.

Wenn er sagt:

„Die Daten zeigen ..."

vertrauen wir ihm eher.

Zahlen erzeugen eine Aura von Objektivität.

Dabei werden sie stets von Menschen ausgewählt, interpretiert und modelliert.

Die Zahl erscheint neutral.

Ihre Anwendung ist es nie.

Von der Mathematik zum Algorithmus

Die Entwicklung von Mathematik führte schließlich zu einer radikalen Konsequenz.

Wenn die Welt mathematisch beschreibbar ist,

und wenn Maschinen mathematische Operationen schneller ausführen können als Menschen,

dann können Maschinen bestimmte Entscheidungen besser treffen als ihre Schöpfer.

Hier beginnt die direkte Linie zu den Themen dieses Buches.

Denn Algorithmen sind keine fremdartigen Wesen.

Sie sind die jüngste Verkörperung einer uralten Idee:

Die Hoffnung, dass sich Ordnung aus Berechnung gewinnen lässt.

Vom babylonischen Astronomen über den pythagoreischen Mystiker bis zum Entwickler künstlicher Intelligenz zieht sich ein gemeinsamer Gedanke:

> Hinter der sichtbaren Welt existieren Muster.
>
> Wer diese Muster erkennt, gewinnt Macht.

Die Geburt der neuen Priesterschaft

Im 21. Jahrhundert erleben wir die Rückkehr einer alten Figur.

Nicht mehr im Tempel.

Nicht mehr in einer Sternwarte.

Nicht mehr in einer königlichen Verwaltung.

Sondern in Rechenzentren, Forschungslaboren und Finanzinstituten.

Die neuen Priester tragen keine Gewänder.

Ihre Werkzeuge sind:

- Modelle
- Algorithmen
- Datensätze
- neuronale Netze

Doch ihre gesellschaftliche Funktion ähnelt jener ihrer historischen Vorgänger.

Sie interpretieren eine Wirklichkeit, die für die meisten Menschen zu komplex geworden ist.

Sie übersetzen Chaos in Vorhersagen.

Und sie gestalten Entscheidungen, die das Leben von Millionen beeinflussen.

KAPITEL 3

DIE GEBURT DER FINANZALCHEMIE

Wie aus Zahlen Geld, aus Geld Macht und aus Macht ein unsichtbares System wurde

> *„Der Alchemist wollte Blei in Gold verwandeln. Der Bankier entdeckte etwas weit Mächtigeres: die Fähigkeit, Versprechen in Vermögen zu verwandeln.“*

DIE GROẞE VERWANDLUNG

Die Geschichte der Zivilisation kennt viele Revolutionen.

Die Landwirtschaft verwandelte Natur in Ertrag.

Die Schrift verwandelte Erinnerung in Information.

Die Mathematik verwandelte Beobachtung in Berechnung.

Doch irgendwann entstand eine noch tiefgreifendere Innovation.

Die Entdeckung, dass Werte existieren können, ohne materiell vorhanden zu sein.

Dieser Moment markiert die Geburt dessen, was wir heute Finanzsystem nennen.

Und zugleich die Geburt einer neuen Form unsichtbarer Macht.

DAS RÄTSEL DES GELDES

Fast jeder Mensch benutzt Geld.

Nur wenige verstehen, was es tatsächlich ist.

Die meisten stellen sich Geld als etwas Konkretes vor:

- Münzen
- Gold
- Silber
- Scheine

Doch historisch betrachtet sind dies lediglich Träger.

Das eigentliche Wesen des Geldes liegt woanders.

Geld ist Vertrauen.

Nichts weiter.

Und nichts weniger.

Eine Goldmünze besitzt keinen intrinsischen Wert, der ihre Kaufkraft erklärt.

Ein Geldschein ist bedrucktes Papier.

Eine digitale Kontozahl ist nur ein Datensatz.

Ihre Macht entsteht durch den gemeinsamen Glauben an ihre Gültigkeit.

Die Geschichte des Finanzsystems ist daher nicht primär eine Geschichte von Reichtum.

Sie ist eine Geschichte organisierter Glaubenssysteme.

DIE ERSTEN FINANZPRIESTER

Bereits in Mesopotamien entwickelten Tempel und Paläste frühe Kreditsysteme.

Getreide wurde verliehen.

Ernten wurden vorfinanziert.

Schulden wurden dokumentiert.

Die meisten Menschen erkennen darin noch kein modernes Finanzwesen.

Doch die Grundidee war bereits vorhanden:

Ein zukünftiger Wert wurde in die Gegenwart verschoben.

Hier entstand eine der folgenreichsten Entdeckungen der Menschheitsgeschichte:

Die Zukunft kann gehandelt werden.

DIE MAGIE DES VERSPRECHENS

Stellen wir uns einen Bauern vor.

Er benötigt Saatgut.

Die Ernte wird jedoch erst Monate später eingebracht.

Ein Kredit löst dieses Problem.

Der Kreditgeber akzeptiert ein Versprechen.

Noch existiert kein Getreide.

Noch existiert kein Gewinn.

Doch das erwartete Ergebnis erhält bereits heute ökonomische Realität.

Diese scheinbar einfache Idee verändert alles.

Denn sie erlaubt erstmals:

- Investitionen
- Expansion
- Handel über Zeiträume hinweg
- Wirtschaftliches Wachstum

Aus Sicht der Antike wirkt dies nahezu magisch.

Nicht vorhandene Werte erzeugen reale Handlungen.

DIE ALCHEMIE DER ZUKUNFT

Die klassischen Alchemisten suchten den Stein der Weisen.

Sie wollten Materie transformieren.

Die Finanzwelt entdeckte eine andere Form der Transmutation.

Sie verwandelte Zeit in Kapital.

Jeder Kredit ist im Kern eine Wette auf die Zukunft.

Jede Investition ist eine Bewertung von Möglichkeiten.

Jeder Marktpreis enthält Erwartungen über Ereignisse, die noch nicht eingetreten sind.

Die Finanzmärkte wurden damit zu Maschinen der Zukunftsberechnung.

Lange bevor Computer existierten.

DIE MEDICI UND DIE ARCHITEKTUR DES VERTRAUENS

Im Europa des Mittelalters und der Renaissance nahm diese Entwicklung neue Formen an.

Besonders deutlich wird dies bei der Familie Cosimo de' Medici und dem Bankhaus der Medici.

Ihre eigentliche Innovation bestand nicht im Besitz von Gold.

Sondern in der Organisation von Vertrauen.

Ein Händler konnte in Florenz Geld einzahlen.

Und in Brügge oder London darauf zugreifen.

Nicht weil Gold transportiert wurde.

Sondern weil ein Netzwerk von Vereinbarungen existierte.

Der materielle Reichtum trat zunehmend in den Hintergrund.

Information wurde wichtiger als Metall.

DIE ENTMATERIALISIERUNG DER MACHT

Hier beginnt ein Muster, das sich bis in die Gegenwart fortsetzt.

Je komplexer das Finanzsystem wurde, desto weniger hing es von physischen Ressourcen ab.

Macht wanderte:

von Gold

zu Dokumenten,

von Dokumenten

zu Kontobüchern,

von Kontobüchern

zu Computern,

von Computern

zu Algorithmen.

Die Geschichte des Finanzsystems ist zugleich die Geschichte der zunehmenden Entmaterialisierung von Macht.

DIE ERFINDUNG DER ZENTRALBANK

Mit dem Aufstieg moderner Staaten entstand eine neue Herausforderung.

Wer kontrolliert das Vertrauen selbst?

Die Antwort lautete:

Zentralbanken.

Institutionen wie die Bank of England schufen eine neue Ordnung.

Nicht mehr einzelne Bankiers garantierten Stabilität.

Sondern Institutionen.

Dadurch entstand eine neue Form kollektiven Glaubens.

Menschen vertrauten nun nicht mehr einzelnen Personen.

Sondern abstrakten Systemen.

Dies markiert einen entscheidenden Schritt in Richtung moderner Finanzarchitektur.

DER UNSICHTBARE CHARAKTER DES GELDES

Je erfolgreicher Finanzsysteme wurden, desto unsichtbarer wurden ihre Mechanismen.

Die meisten Bürger verstehen heute nicht:

- Geldschöpfung
- Interbankenhandel
- Staatsanleihen
- Derivate
- Zentralbankbilanzen

Dennoch vertrauen sie diesen Systemen.

Warum?

Weil sie funktionieren.

Oder zumindest den Eindruck vermitteln zu funktionieren.

Hier begegnen wir erneut dem Grundmuster der verborgenen Ordnung:

Legitimität entsteht nicht durch Verständnis.

Sondern durch Stabilität.

DIE GEBURT DER FINANZMATHEMATIK

Im 19. und 20. Jahrhundert verschmilzt die Welt der Zahlen mit der Welt des Geldes.

Mathematiker betreten die Finanzmärkte.

Versicherungen berechnen Risiken.

Banken modellieren Kreditausfälle.

Investoren analysieren Wahrscheinlichkeiten.

Die Finanzwelt beginnt, die Sprache der Mathematik zu sprechen.

Dadurch verändert sich ihr Charakter grundlegend.

Geld wird nicht mehr nur verwaltet.

Es wird modelliert.

DER TRAUM VON DER PERFEKTEN VORHERSAGE

Mit jeder neuen mathematischen Methode wächst ein alter Traum:

Die Zukunft berechenbar zu machen.

Wenn Risiken gemessen werden können,

dann können sie kontrolliert werden.

Wenn Märkte modelliert werden können,

dann können sie optimiert werden.

Wenn Verhalten prognostiziert werden kann,

dann können Gewinne maximiert werden.

Dieser Traum treibt die Entwicklung der modernen Finanzwelt bis heute an.

Er ist die eigentliche Triebkraft hinter:

- Ökonometrie
- Portfolio-Theorie
- Risikomodellen
- künstlicher Intelligenz
- Quantenoptimierung

DIE VERBORGENE METAPHYSIK DES MARKTES

Mit der Zeit beginnt der Markt Eigenschaften anzunehmen, die weit über seine ökonomische Funktion hinausgehen.

Er wird zur höchsten Instanz der Bewertung.

Politische Entscheidungen werden an ihm gemessen.

Unternehmen orientieren sich an ihm.

Staaten fürchten seine Reaktionen.

Regierungen sprechen von:

- Marktvertrauen
- Markterwartungen
- Marktstimmung

Fast so, als besäße der Markt einen eigenen Willen.

Der Markt wird zur modernen Gottheit der Wirtschaft.

Nicht weil Menschen ihn verehren.

Sondern weil sie sich seinen Urteilen unterwerfen.

DER ERSTE GROßE IRRTUM

Doch hier entsteht ein gefährlicher Denkfehler.

Menschen beginnen zu glauben:

Wenn die Modelle komplex genug werden,

dann wird Unsicherheit verschwinden.

Die Geschichte widerlegt diese Hoffnung immer wieder.

Jede Finanzkrise zeigt dieselbe Lektion:

Komplexität beseitigt Unsicherheit nicht.

Sie verschiebt sie lediglich.

Oft an Orte, die niemand mehr sieht.

DIE ALCHEMISTEN DER MODERNE

Im Mittelalter arbeiteten Alchemisten im Verborgenen.

Sie suchten nach geheimen Formeln.

Heute existiert eine neue Klasse von Alchemisten.

Ihre Labore sind:

- Investmentbanken
- Hedgefonds
- Forschungszentren
- Rechenzentren

Ihre Werkzeuge sind:

- Modelle
- Algorithmen
- Daten
- Simulationen

Ihre Mission bleibt erstaunlich ähnlich.

Sie versuchen, aus Wissen Vermögen zu erzeugen.

Aus Unsicherheit Vorhersagbarkeit.

Aus Zukunft Gegenwart.

VON DER FINANZALCHEMIE ZUR MASCHINENÖKONOMIE

Die Geschichte dieses Kapitels zeigt einen entscheidenden Wandel.

Ursprünglich beruhte Macht auf Besitz.

Dann auf Information.

Dann auf Berechnung.

Nun beginnt eine neue Phase.

Maschinen übernehmen zunehmend jene Aufgaben, die einst den Finanzalchemisten vorbehalten waren.

Die Modelle werden komplexer.

Die Berechnungen schneller.

Die Entscheidungen autonomer.

Der Mensch entfernt sich Schritt für Schritt aus dem Zentrum des Systems.

SCHLUSSBETRACHTUNG

Die größte Innovation der Finanzgeschichte war nicht das Geld.

Nicht die Bank.

Nicht die Börse.

Es war die Entdeckung, dass Zukunft handelbar ist.

Diese Entdeckung schuf die moderne Welt.

Doch sie erzeugte zugleich ein System, dessen innere Mechanismen immer schwerer zu durchschauen sind.

Die Finanzalchemie begann als Kunst der Vertrauensorganisation.

Heute entwickelt sie sich zur Wissenschaft algorithmischer Vorhersage.

Und genau dort setzt die nächste große Transformation an.

Denn wenn die Zukunft berechnet werden kann, stellt sich eine neue Frage:

Was geschieht, wenn nicht mehr Menschen, sondern Maschinen die Zukunft berechnen?

Mit dieser Frage betreten wir den nächsten Abschnitt unserer Reise:

Die Maschinen übernehmen.

TEIL II

DIE MASCHINEN ÜBERNEHMEN

KAPITEL 4

DER TOD DES PARKETTHÄNDLERS

Wie die Maschinen den Markt betraten und der Mensch zum Zuschauer wurde

> *„Es gab einen Zeitpunkt, an dem der Markt ein Ort war. Heute ist er ein Prozess.“*

DAS ENDE EINER EPOCHE

Wenn Menschen an Börsen denken, sehen sie oft dieselben Bilder:

Männer in bunten Jacken.

Hektische Gesten.

Schreiende Händler.

Papierzettel.

Telefone.

Eine Atmosphäre kontrollierten Chaos.

Diese Bilder prägten über ein Jahrhundert die Vorstellung davon, wie Märkte funktionieren.

Doch diese Welt existiert kaum noch.

Sie wurde nicht durch eine Krise zerstört.

Nicht durch eine Revolution.

Nicht durch ein Gesetz.

Sie verschwand still.

Zeile für Zeile.

Terminal für Terminal.

Algorithmus für Algorithmus.

Der Tod des Parketthändlers war kein Ereignis.

Er war ein Prozess.

Und mit ihm begann eine der größten Machtverschiebungen der Wirtschaftsgeschichte.

DIE BÖRSE ALS THEATER DER MODERNE

Die klassischen Börsen waren weit mehr als Handelsplätze.

Sie waren öffentliche Inszenierungen wirtschaftlicher Macht.

Wer das Parkett betrat, betrat einen symbolischen Raum.

Hier trafen sich:

- Banken
- Unternehmen
- Händler
- Spekulanten

Der Markt hatte Gesichter.

Man konnte beobachten:

- Angst
- Gier
- Panik
- Euphorie

Die Psychologie des Menschen war sichtbar.

Die Börse war eine Bühne, auf der die Emotionen des Kapitalismus öffentlich aufgeführt wurden.

DIE ILLUSION MENSCHLICHER KONTROLLE

Diese Welt erzeugte eine mächtige Vorstellung:

Dass Märkte von Menschen gemacht werden.

Der Händler galt als zentrale Figur.

Er beobachtete.

Bewertete.

Entschied.

Handelte.

Die Öffentlichkeit stellte sich den Markt als Summe individueller Entscheidungen vor.

Doch bereits in dieser Phase war die Realität komplexer.

Denn hinter jedem Händler standen:

- Banken
- Regeln
- Netzwerke
- Informationssysteme

Die sichtbaren Akteure waren nur die Oberfläche einer tieferen Struktur.

DER COMPUTER BETRITT DIE BÜHNE

In den 1970er- und 1980er-Jahren beginnt eine stille Revolution.

Computer werden leistungsfähig genug, um Finanzdaten elektronisch zu verarbeiten.

Zunächst erscheinen sie harmlos.

Sie helfen bei:

- Buchhaltung
- Datenanalyse
- Preisberechnung

Niemand spricht von Machtübernahme.

Der Computer wirkt wie ein Werkzeug.

Ein Assistent.

Ein Hilfsmittel.

Doch jede technische Unterstützung enthält eine verborgene Dynamik:

Was zuerst unterstützt, beginnt später zu ersetzen.

DIE GEBURT DER ELEKTRONISCHEN MÄRKTE

Mit der Entstehung elektronischer Handelsplattformen verändert sich die Natur des Marktes grundlegend.

Plötzlich ist physische Anwesenheit nicht mehr notwendig.

Der Händler muss nicht mehr auf dem Parkett stehen.

Ein Terminal genügt.

Dann ein Netzwerk.

Dann eine Software.

Dann ein Algorithmus.

Mit jedem Schritt wird der Mensch weiter vom eigentlichen Handelsprozess entfernt.

Der Markt verliert seinen Ort.

Er wird digital.

DIE GESCHWINDIGKEIT ALS NEUE WÄHRUNG

Lange Zeit beruhte Wettbewerb auf Wissen.

Wer bessere Informationen besaß, gewann.

Mit der Digitalisierung tritt eine neue Ressource hinzu:

Geschwindigkeit.

Nicht Sekunden.

Nicht Millisekunden.

Sondern Mikrosekunden.

Später Nanosekunden.

Plötzlich entsteht ein Wettlauf, der die Logik der Märkte verändert.

Die Frage lautet nicht mehr:

> Wer weiß mehr?

Sondern:

> Wer reagiert schneller?

Zeit wird zur Ware.

DIE ENTSTEHUNG DES HOCHFREQUENZHANDELS

Aus diesem Wettlauf entsteht der Hochfrequenzhandel.

High Frequency Trading.

HFT.

Eine neue Spezies des Marktes.

Diese Systeme analysieren:

- Kurse
- Volumina
- Nachrichten
- Orderbücher

und reagieren in Zeiträumen, die für Menschen bedeutungslos geworden sind.

Ein menschlicher Wimpernschlag dauert etwa 300 Millisekunden.

In derselben Zeit können moderne Handelssysteme Millionen Entscheidungen treffen.

Hier entsteht erstmals eine fundamentale Asymmetrie.

Der Mensch verliert nicht nur an Geschwindigkeit.

Er verliert seine Relevanz.

Es gibt keinen einzelnen Tag, an dem die Maschinen die Kontrolle übernahmen.

Doch irgendwann wurde klar:

Der Mensch kann nicht mehr konkurrieren.

Nicht weil er dümmer wäre.

Sondern weil er biologisch begrenzt ist.

Das Nervensystem des Menschen besitzt eine feste Geschwindigkeit.

Die Maschine kennt diese Grenze nicht.

Der Wettbewerb endet damit nicht.

Er wird bedeutungslos.

Es ist, als würde man einen Läufer gegen Licht antreten lassen.

DER MARKT HÖRT AUF, MENSCHLICH ZU SEIN

An diesem Punkt geschieht etwas Tieferes als reine Automatisierung.

Die Logik des Marktes verändert sich.

Menschen handeln aufgrund von:

- Erwartungen
- Überzeugungen
- Narrativen
- Emotionen

Maschinen handeln aufgrund von:

- Mustern
- Wahrscheinlichkeiten
- Optimierungsfunktionen
- mathematischen Zuständen

Der Markt beginnt, auf Signale zu reagieren, die niemals für menschliche Wahrnehmung bestimmt waren.

Er wird zunehmend von einer Sprache gesteuert, die Menschen weder sehen noch intuitiv verstehen können.

DER FLASH CRASH ALS OFFENBARUNG

Am 6. Mai 2010 ereignet sich etwas, das wie ein Blick hinter den Vorhang wirkt.

Innerhalb weniger Minuten verlieren US-Märkte zeitweise fast eine Billion Dollar an Wert.

Dann erholen sie sich wieder.

Viele Menschen erleben diesen Moment als Schock.

Nicht wegen der Verluste.

Sondern wegen einer Erkenntnis:

Niemand verstand vollständig, was gerade geschehen war.

Maschinen reagierten auf Maschinen.

Algorithmen verstärkten Algorithmen.

Der Markt begann, mit sich selbst zu kommunizieren.

Menschen wurden zu Beobachtern eines Prozesses, den sie nicht mehr kontrollierten.

Der Flash Crash war nicht einfach ein technisches Problem.

Er war ein philosophisches Ereignis.

DIE GEBURT DER BLACK-BOX-MÄRKTE

Je komplexer die Systeme werden, desto schwieriger wird ihre Nachvollziehbarkeit.

Früher konnte ein Händler erklären:

Warum er gekauft hat.

Warum er verkauft hat.

Warum er ein Risiko einging.

Ein neuronales Netz kann dies oft nicht.

Ein selbstlernendes Modell trifft Entscheidungen auf Grundlage hochdimensionaler Zusammenhänge.

Die Entscheidung ist sichtbar.

Die Begründung verschwindet.

Hier entsteht die Finanzwelt, die wir im Prolog als „algorithmische Esoterik“ bezeichnet haben.

Mit dem Verschwinden des Parketthändlers verschwindet nicht die Macht.

Sie verlagert sich.

Die Gewinner der neuen Ordnung sind nicht mehr die lautesten Akteure.

Sondern jene, die:

- Modelle entwickeln
- Daten besitzen
- Rechenzentren kontrollieren
- Netzwerke optimieren

Der klassische Händler wird ersetzt durch:

- Quantitative Analysten
- Mathematiker
- Physiker
- Informatiker

Die Börse wird vom Marktplatz zum Labor.

DER UNSICHTBARE MARKT

Heute existiert der Markt größtenteils außerhalb menschlicher Wahrnehmung.

Nicht auf Bildschirmen.

Nicht in Nachrichten.

Sondern in Rechenzentren.

Zwischen Servern.

In Glasfaserkabeln.

In Datenpaketen.

Der moderne Markt ist kein Ort mehr.

Er ist eine Infrastruktur.

Eine permanente, globale Rechenoperation.

DIE EIGENTLICHE BEDEUTUNG DES TODES

Der Tod des Parketthändlers bedeutet nicht lediglich das Ende eines Berufs.

Er markiert das Ende einer Weltanschauung.

Jahrhundertelang glaubten wir:

Märkte sind Orte menschlicher Entscheidungen.

Heute müssen wir erkennen:

Märkte entwickeln sich zu Systemen maschinischer Interaktionen.

Der Mensch bleibt Eigentümer.

Manchmal Regulator.

Oft Zuschauer.

Doch immer seltener unmittelbarer Akteur.

SCHLUSSBETRACHTUNG

Die Geschichte der Finanzmärkte ist nicht nur eine Geschichte des Geldes.

Sie ist die Geschichte der Verlagerung von Entscheidungsmacht.

Vom Kaufmann zum Bankier.

Vom Bankier zum Mathematiker.

Vom Mathematiker zum Algorithmus.

Der Tod des Parketthändlers war daher mehr als ein technologischer Wandel.

Er war der Moment, in dem die Finanzwelt begann, sich von den Grenzen menschlicher Wahrnehmung zu lösen.

Und genau dort beginnt die nächste Phase unserer Untersuchung:

Nicht mehr die Frage, **ob Maschinen handeln können**.

Sondern:

> **Was geschieht, wenn Geschwindigkeit selbst zur dominierenden Form von Macht wird?**

Damit betreten wir das Zeitalter des Hochfrequenzhandels – die Eroberung der Zeit.

KAPITEL 5

HOCHFREQUENZ UND DIE EROBERUNG DER ZEIT

Wie Mikrosekunden zur wertvollsten Ressource der Finanzwelt wurden

*„Früher konkurrierten Händler um Wissen.
Heute konkurrieren Maschinen um Zeit.“*

DIE LETZTE GRENZE

Jede Epoche besitzt ihre entscheidende Ressource.

Für Agrargesellschaften war es Land.

Für Industriegesellschaften war es Energie.

Für das Informationszeitalter waren es Daten.

Doch im Hochfrequenzhandel erscheint eine neue Ressource, die noch fundamentaler ist:

Zeit.

Nicht Zeit im menschlichen Sinne.

Nicht Stunden.

Nicht Tage.

Nicht einmal Sekunden.

Sondern Zeit als physikalische Größe.

Zeit als messbarer Abstand zwischen Signal und Entscheidung.

Zeit als Rohstoff.

DIE UNSICHTBARKEIT DER GESCHWINDIGKEIT

Für den Menschen existiert Geschwindigkeit nur bis zu einem gewissen Punkt.

Wir bemerken den Unterschied zwischen einer Minute und einer Stunde.

Zwischen einer Sekunde und einer Minute.

Doch irgendwo endet unsere Wahrnehmung.

Niemand kann intuitiv erfassen, was eine Mikrosekunde bedeutet.

Eine Mikrosekunde ist ein Millionstel einer Sekunde.

Eine Nanosekunde ein Milliardstel.

In diesen Bereichen verliert die menschliche Erfahrung ihren Halt.

Wir betreten eine Welt, die vollständig maschinisch ist.

Dort existieren keine Emotionen.

Keine Reflexion.

Keine Intuition.

Nur Signale.

DIE ENTDECKUNG DES ZEITVORTEILS

Die ersten algorithmischen Händler stellten etwas Überraschendes fest.

Der Unterschied zwischen Gewinnen und Verlusten lag oft nicht in besseren Analysen.

Sondern in schnellerer Ausführung.

Wenn zwei Marktteilnehmer dieselbe Information besitzen, gewinnt häufig derjenige, der zuerst handelt.

Dies scheint trivial.

Doch die Konsequenzen waren revolutionär.

Plötzlich wurde jede Millisekunde zu einem Vermögenswert.

Geschwindigkeit wurde handelbar.

DIE PHYSIK ÜBERNIMMT DIE ÖKONOMIE

Bis zu diesem Zeitpunkt war Finanzwirtschaft vor allem eine Disziplin der Mathematik.

Nun tritt eine neue Wissenschaft hinzu:

Die Physik.

Der Hochfrequenzhandel zwingt Finanzakteure, sich mit Fragen zu beschäftigen, die einst Ingenieuren vorbehalten waren:

- Wie schnell bewegt sich Licht?
- Wie lang ist ein Glasfaserkabel?
- Welche Route benötigt das Signal?
- Wie stark verzögert die Hardware?

Der Markt beginnt, den Gesetzen der Relativität näher zu kommen als denen der klassischen Ökonomie.

Nicht der klügste Händler gewinnt.

Sondern oft derjenige, dessen Signal zuerst ankommt.

DIE GEOGRAFIE DER GESCHWINDIGKEIT

Mit dem Hochfrequenzhandel verändert sich die Bedeutung von Raum.

Früher spielte die Entfernung zwischen Marktteilnehmern kaum eine Rolle.

Heute kann sie Millionen kosten.

Deshalb entstehen neue Formen infrastruktureller Macht:

- Server werden direkt neben Börsen platziert.
- Glasfaserleitungen werden begradigt.
- Mikrowellenstrecken durchschneiden Landschaften.
- Rechenzentren entstehen an strategischen Knotenpunkten.

Diese Praxis wird als *Co-Location* bekannt.

Die Nähe zum Markt wird selbst zum Marktgut.

Wer näher ist, sieht zuerst.

Wer zuerst sieht, handelt zuerst.

In früheren Jahrhunderten wurden Kriege um Territorien geführt.

Im Hochfrequenzhandel beginnt ein Krieg um Nanosekunden.

Unternehmen investieren Milliardenbeträge, um minimale Zeitvorteile zu erzielen.

Einige Beispiele wirken beinahe absurd:

- Bohrungen durch Berge, um Leitungen zu verkürzen.
- Spezielle Funkverbindungen über große Distanzen.
- Eigene Satellitenkommunikation.
- Maßgeschneiderte Prozessoren.

Aus menschlicher Perspektive erscheint dies irrational.

Warum Milliarden investieren, um Mikrosekunden zu gewinnen?

Die Antwort lautet:

Weil in einem Markt aus Milliarden Transaktionen selbst minimale Vorteile exponentielle Auswirkungen besitzen.

Traditionell war Wissen ein Inhalt.

Etwas, das man verstand.

Im Hochfrequenzhandel entsteht eine neue Form des Wissens.

Nicht:

> Was weißt du?

sondern:

> Wann weißt du es?

Der zeitliche Vorsprung wird wichtiger als der Inhalt der Information.

Ein Signal, das wenige Mikrosekunden früher eintrifft, besitzt ökonomischen Wert.

Zeit wird zu Information.

Information wird zu Kapital.

DER MARKT ALS NERVENSYSTEM

Mit zunehmender Geschwindigkeit beginnt der Markt Eigenschaften eines biologischen Systems anzunehmen.

Er ähnelt immer weniger einem Handelsplatz.

Und immer mehr einem Nervensystem.

Signale entstehen.

Sie werden übertragen.

Sie lösen Reaktionen aus.

Neue Signale entstehen.

Neue Reaktionen folgen.

Dieser Kreislauf geschieht ununterbrochen.

Milliardenfach.

Der Markt entwickelt Reflexe.

Nicht im menschlichen Sinn.

Sondern als emergente Eigenschaft vernetzter Algorithmen.

DIE GEBURT DER MASCHINENÖKOLOGIE

Ein entscheidender Wandel bleibt oft unbemerkt.

Algorithmen handeln nicht mehr primär gegen Menschen.

Sie handeln gegeneinander.

Die Mehrheit der Signale wird von Maschinen erzeugt.

Die Mehrheit der Reaktionen erfolgt durch Maschinen.

Die Mehrheit der Marktkommunikation findet zwischen Maschinen statt.

Der Mensch tritt zunehmend aus dem Kreislauf heraus.

Es entsteht eine neue ökologische Ordnung:

Eine Maschinenökologie.

Innerhalb dieser Ordnung konkurrieren Systeme um:

- Geschwindigkeit
- Effizienz
- Vorhersagekraft

Der Mensch wird zum entfernten Beobachter.

DIE ILLUSION PERFEKTER EFFIZIENZ

Befürworter des Hochfrequenzhandels argumentieren häufig:

Mehr Geschwindigkeit bedeutet bessere Märkte.

Tatsächlich bringt HFT reale Vorteile:

- geringere Spreads
- höhere Liquidität
- schnellere Preisbildung

Doch diese Vorteile haben eine Schattenseite.

Je stärker Märkte optimiert werden, desto empfindlicher können sie auf Störungen reagieren.

Ein hochoptimiertes System besitzt oft weniger Fehlertoleranz.

Genau wie ein Rennwagen leistungsfähiger, aber fragiler ist als ein Lastwagen.

DER FLASH CRASH ALS ZEITKOLLAPS

Der Flash Crash von 2010 offenbart diese Problematik.

Innerhalb weniger Minuten brechen Kurse ein.

Dann stabilisieren sie sich wieder.

Wichtiger als die Verluste ist jedoch die Ursache.

Die Geschwindigkeit selbst wird zum Risiko.

Algorithmen reagieren auf Algorithmen.

Feedbackschleifen verstärken Signale.

Die Dynamik entwickelt sich schneller, als Menschen eingreifen können.

Die Zeiträume menschlicher Entscheidungsfindung werden irrelevant.

Es entsteht ein Zeitkollaps.

Der Markt bewegt sich auf einer Ebene, die außerhalb menschlicher Kontrolle liegt.

DIE ENTSTEHUNG EINER NEUEN ONTOLOGIE

Traditionelle Ökonomie betrachtet Märkte als Orte des Austauschs.

Der Hochfrequenzhandel verändert diese Sichtweise.

Der Markt wird zu einem Informationsfeld.

Preise sind nicht mehr nur Bewertungen.

Sie werden zu Signalen.

Liquidität wird zu Information.

Volatilität wird zu Kommunikation.

Der Markt verwandelt sich in ein gigantisches verteiltes Rechensystem.

Eine globale Maschine zur Verarbeitung von Erwartungen.

DIE PHILOSOPHISCHE BEDEUTUNG DER GESCHWINDIGKEIT

Hier erreichen wir einen tieferen Punkt.

Der Hochfrequenzhandel verändert nicht nur die Märkte.

Er verändert das Verhältnis zwischen Mensch und Wirklichkeit.

Jahrtausende lang war menschliche Wahrnehmung die Grundlage aller Entscheidungen.

Jetzt entstehen Prozesse, die vollständig außerhalb dieser Wahrnehmung operieren.

Das bedeutet:

Macht beginnt sich von Erfahrung zu lösen.

Früher konnte ein Händler beobachten, verstehen und handeln.

Heute geschieht die Handlung oft vor dem Verständnis.

Die Maschine reagiert.

Der Mensch interpretiert erst im Nachhinein.

Die Reihenfolge kehrt sich um.

Historisch eroberten Imperien:

- Territorien
- Handelswege
- Ressourcen

Der Hochfrequenzhandel erobert etwas Fundamentaleres.

Die Zeit selbst.

Nicht indem er sie anhält.

Sondern indem er ihre kleinsten Einheiten ökonomisch verwertbar macht.

Die Mikrosekunde wird zur neuen Grenze wirtschaftlicher Expansion.

Wo frühere Gesellschaften Land kolonisierten, kolonisiert die algorithmische Finanzwelt Zeit.

Doch Geschwindigkeit allein ist nicht das Ende der Entwicklung.

Sie ist lediglich die Vorbereitung.

Der Wettlauf um Zeit führt zwangsläufig zu einer neuen Frage:

Wenn Geschwindigkeit irgendwann physikalische Grenzen erreicht, worin liegt dann der nächste Vorteil?

Die Antwort lautet:

Nicht schneller rechnen.

Sondern anders denken.

Hier beginnt der Übergang von Geschwindigkeit zu Komplexität.

Von Hochfrequenzhandel zu künstlicher Intelligenz.

Von Reaktionssystemen zu lernenden Systemen.

Von der Optimierung der Zeit zur Optimierung der Realität selbst.

TEIL III

DIE ALGORITHMISCHEN PRIESTER

KAPITEL 6

DIE BLACK BOX GESELLSCHAFT

Wie die Logik der Algorithmen zur unsichtbaren Infrastruktur der Moderne wurde

> *„Die größte Macht ist nicht diejenige, die sich verbirgt. Die größte Macht ist diejenige, die sichtbar ist, aber niemand mehr versteht.“*

Die Geschichte der Moderne war lange Zeit die Geschichte zunehmender Transparenz.

Die Aufklärung versprach:

- Wissen statt Mythos
- Wissenschaft statt Aberglaube
- Vernunft statt Autorität

Die Grundannahme lautete:

Wenn wir die Welt besser verstehen, werden wir sie besser beherrschen.

Über Jahrhunderte schien sich diese Hoffnung zu erfüllen.

Maschinen wurden komplexer.

Institutionen wurden größer.

Gesellschaften wurden vernetzter.

Doch zugleich entstand ein unerwartetes Paradox:

Je erfolgreicher unsere Systeme wurden, desto schwerer wurden sie zu verstehen.

Heute leben wir in einer Welt, deren wichtigste Entscheidungen zunehmend von Prozessen getroffen werden, die sich menschlicher Nachvollziehbarkeit entziehen.

Wir betreten das Zeitalter der Black Box.

Der Begriff stammt ursprünglich aus der Ingenieurwissenschaft.

Eine Black Box ist ein System, dessen Eingaben und Ausgaben bekannt sind, dessen innere Funktionsweise jedoch verborgen bleibt.

Man sieht:

- Was hineingeht.
- Was herauskommt.

Doch der Weg dazwischen bleibt unklar.

In der frühen Technik war dies oft nur eine praktische Vereinfachung.

Bei modernen Algorithmen wird daraus ein strukturelles Problem.

Denn die Black Box ist nicht verborgen, weil jemand sie versteckt.

Sie ist verborgen, weil ihre Komplexität die menschliche Rekonstruktion übersteigt.

DIE ALTE UND DIE NEUE INTRANSPARENZ

Historisch existierten zwei Formen des Nichtwissens.

Die erste war Geheimhaltung.

Herrscher hielten Informationen zurück.

Priester bewahrten geheimes Wissen.

Bankiers schützten ihre Bücher.

Dies war eine politische Form der Intransparenz.

Die zweite Form ist neu.

Niemand muss etwas verstecken.

Der Quellcode kann offenliegen.

Die Daten können öffentlich sein.

Und dennoch bleibt das System unverständlich.

Warum?

Weil Komplexität selbst zur Barriere geworden ist.

Wir erleben den Übergang von der Geheimhaltung zur Überkomplexität.

In der Antike befragten Menschen Orakel.

Sie erhielten Antworten, deren Ursprung sie nicht nachvollziehen konnten.

Heute befragen wir Suchmaschinen, Empfehlungssysteme und KI-Modelle.

Der Unterschied scheint enorm.

Doch strukturell existieren erstaunliche Parallelen.

Wir stellen eine Frage.

Wir erhalten eine Antwort.

Wir vertrauen dem Ergebnis.

Die innere Logik bleibt verborgen.

Natürlich beruhen moderne Systeme auf Mathematik, nicht auf Mythologie.

Doch für den Nutzer macht dies oft keinen Unterschied.

Die Erfahrung bleibt dieselbe:

Eine Autorität liefert Orientierung, ohne dass ihr Denkprozess sichtbar wird.

DIE GEBURT DER ALGORITHMISCHEN AUTORITÄT

Eine der tiefsten Veränderungen der Gegenwart besteht darin, dass Entscheidungen zunehmend an Modelle delegiert werden.

Früher trafen Menschen Entscheidungen mithilfe von Informationen.

Heute treffen Systeme Entscheidungen mithilfe von Menscheninformationen.

Dieser Unterschied erscheint klein.

Tatsächlich verändert er die Struktur der Macht.

Beispiele finden sich überall:

- Kreditwürdigkeitsbewertungen
- Versicherungsprämien
- Bewerberauswahl
- Gesichtserkennung
- medizinische Diagnostik
- Finanzhandel

Der Algorithmus wird zum stillen Mitentscheider.

Nicht als Berater.

Sondern zunehmend als Autorität.

DIE UNSICHTBARKEIT DES EINFLUSSES

Die meisten Menschen erleben Algorithmen nicht als Herrschaft.

Sie erleben sie als Komfort.

Eine Empfehlung auf einer Plattform.

Eine Navigationsroute.

Eine Suchanfrage.

Ein Produkthinweis.

Ein personalisierter Nachrichtenstrom.

Doch gerade diese Unsichtbarkeit macht ihren Einfluss so wirksam.

Macht ist am effektivsten, wenn sie nicht als Macht wahrgenommen wird.

Der Nutzer glaubt, frei zu wählen.

Während die Auswahlmöglichkeiten bereits strukturiert wurden.

Die Entscheidung bleibt individuell.

Die Entscheidungsumgebung nicht.

VON DER STATISTIK ZUR VORHERSAGE

Die klassische Statistik beschrieb die Vergangenheit.

Moderne Systeme versuchen, die Zukunft vorherzusagen.

Dies ist ein fundamentaler Unterschied.

Ein neuronales Netz interessiert sich nicht primär für Wahrheit.

Es interessiert sich für Trefferwahrscheinlichkeit.

Es fragt nicht:

> Warum geschieht etwas?

Sondern:

> Was wird wahrscheinlich geschehen?

Damit verschiebt sich die Logik des Wissens.

Erklärung wird weniger wichtig.

Vorhersage wird wichtiger.

Die Gesellschaft beginnt, Vorhersagekraft höher zu bewerten als Verständnis.

Hier entsteht eines der zentralen Probleme des 21. Jahrhunderts.

Menschen denken in Ursachen.

Algorithmen denken in Korrelationen.

Ein Mensch fragt:

> Was verursacht dieses Ereignis?

Ein Modell fragt:

> Welche Muster gehen diesem Ereignis häufig voraus?

Der Unterschied ist enorm.

Korrelation benötigt kein Verständnis.

Sie benötigt lediglich ausreichende Daten.

Dadurch entstehen Systeme, die erfolgreich vorhersagen können, ohne zu wissen, warum etwas geschieht.

Wir bewegen uns von einer kausalen zu einer probabilistischen Kultur.

DIE GESELLSCHAFT ALS DATENSCHATTEN

Um Vorhersagen zu treffen, müssen Systeme Daten sammeln.

Viel mehr Daten, als frühere Gesellschaften jemals erzeugen konnten.

Jeder Klick.

Jeder Kauf.

Jede Bewegung.

Jede Suchanfrage.

Jede Interaktion.

Aus diesen Spuren entsteht ein zweites Abbild des Menschen.

Ein digitaler Zwilling.

Ein Datenschatten.

Dieser Datenschatten wird zunehmend wichtiger als die physische Person selbst.

Denn die Systeme treffen Entscheidungen nicht über Menschen.

Sie treffen Entscheidungen über ihre Datenrepräsentationen.

Traditionell beruhte Macht auf Kontrolle über Menschen.

Heute beruht sie zunehmend auf Kontrolle über Modelle.

Wer die Modelle besitzt,

- interpretiert Verhalten,
- bewertet Risiken,
- definiert Relevanz,
- steuert Aufmerksamkeit.

Die neue Macht wirkt selten direkt.

Sie gestaltet Wahrscheinlichkeiten.

Sie verändert Anreize.

Sie formt Entscheidungsräume.

Das macht sie schwer sichtbar.

Und schwer angreifbar.

DIE FINANZMÄRKTE ALS VORREITER

Wie so oft erscheinen diese Entwicklungen zuerst in der Finanzwelt.

Der moderne Handel basiert längst auf Modellen, die kein einzelner Mensch vollständig überblickt.

Algorithmen analysieren:

- Preisbewegungen
- Liquiditätsströme
- Nachrichten
- soziale Signale
- makroökonomische Daten

und erzeugen Entscheidungen in Echtzeit.

Die Finanzmärkte sind damit die erste vollständig algorithmisierte Umwelt der Moderne.

Sie zeigen, was später viele andere Bereiche der Gesellschaft erreichen könnten.

DAS PARADOX DER RATIONALITÄT

Die Moderne glaubte:

Mehr Daten führen zu mehr Rationalität.

Mehr Berechnung führt zu mehr Kontrolle.

Mehr Wissen führt zu mehr Verständnis.

Die Realität entwickelt sich anders.

Mehr Daten erzeugen oft mehr Komplexität.

Mehr Modelle erzeugen mehr Intransparenz.

Mehr Berechnung erzeugt mehr Abhängigkeit.

Das Ergebnis ist paradox:

Die rationalste Gesellschaft der Geschichte produziert neue Formen des Nichtwissens.

An diesem Punkt kehren wir zur zentralen These dieses Buches zurück.

Esoterik bedeutete ursprünglich:

Wissen für einen inneren Kreis.

Heute entsteht eine neue Form dieses Prinzips.

Nicht weil Wissen geheim gehalten wird.

Sondern weil nur wenige Menschen die Fähigkeiten besitzen, die Systeme überhaupt zu verstehen.

Die neuen Eingeweihten sind:

- Mathematiker
- Datenwissenschaftler
- KI-Forscher
- Quants
- Systemarchitekten

Sie bilden keine Verschwörung.

Doch sie bilden eine Wissenselite.

Und jede Wissenselite erzeugt Machtasymmetrien.

DIE ILLUSION DER NEUTRALITÄT

Eine der gefährlichsten Annahmen unserer Zeit lautet:

Algorithmen seien neutral.

Tatsächlich enthalten Modelle immer Entscheidungen.

Welche Daten werden gesammelt?

Welche Ziele werden optimiert?

Welche Risiken werden akzeptiert?

Welche Fehler toleriert?

Jede dieser Entscheidungen ist menschlich.

Der Algorithmus erscheint objektiv.

Seine Architektur ist es nicht.

DIE GESELLSCHAFT IM SPIEGEL DER MASCHINE

Vielleicht liegt die tiefste Bedeutung der Black Box nicht in den Maschinen selbst.

Sondern in dem, was sie über uns offenbaren.

Algorithmen sind keine fremden Wesen.

Sie sind Verdichtungen menschlicher Entscheidungen.

Verdichtungen menschlicher Werte.

Verdichtungen menschlicher Prioritäten.

Die Black Box spiegelt nicht nur unsere Technologie.

Sie spiegelt unsere Gesellschaft.

Je genauer wir in sie blicken, desto deutlicher erkennen wir:

Die eigentliche Intransparenz liegt nicht im Code.

Sie liegt in den Machtstrukturen, Interessen und Annahmen, die wir in den Code eingeschrieben haben.

SCHLUSSBETRACHTUNG

Die Black-Box-Gesellschaft markiert einen historischen Wendepunkt.

Zum ersten Mal erschafft die Menschheit Systeme, die nicht deshalb mächtig sind, weil sie Gewalt ausüben.

Sondern weil sie Komplexität organisieren.

Die Frage lautet daher nicht mehr:

> Wer besitzt die Macht?

Sondern:

> Wer besitzt die Modelle, die bestimmen,
> wie Macht ausgeübt wird?

Mit dieser Frage endet die Geschichte der Maschinen als Werkzeuge.

Und beginnt die Geschichte der Algorithmen als Herrschaftsstruktur.

KAPITEL 7

DER NEUE HOHE RAT

Wer die Infrastruktur kontrolliert, kontrolliert die Wirklichkeit

> *„Die mächtigsten Menschen einer Epoche sind oft nicht diejenigen, die sichtbar herrschen, sondern diejenigen, die bestimmen, wie Entscheidungen überhaupt entstehen."*

DIE FALSCHE VORSTELLUNG VON MACHT

Wenn Menschen über Macht sprechen, denken sie meist an die sichtbaren Akteure.

An:

- Präsidenten
- Minister

- Monarchen
- Milliardäre
- Generäle

Die Geschichte zeigt jedoch ein wiederkehrendes Muster:

Die sichtbarsten Akteure sind selten die einzigen Machtzentren.

Hinter jeder politischen Ordnung existiert eine tiefere Ebene.

Eine Ebene aus:

- Institutionen
- Netzwerken
- Informationsstrukturen
- Ressourcenflüssen

Diese Ebene bestimmt häufig, welche Entscheidungen überhaupt möglich sind.

Im Zeitalter der Algorithmen verlagert sich Macht erneut.

Nicht weg von Staaten.

Nicht weg von Unternehmen.

Sondern tiefer in die Infrastruktur der Wirklichkeit selbst.

DIE ARCHITEKTUR HINTER DER ARCHITEKTUR

Die meisten Menschen erleben Technologie als Oberfläche.

Sie sehen:

- Apps
- Webseiten
- Suchmaschinen
- soziale Netzwerke
- digitale Bezahlsysteme

Doch jede Oberfläche ruht auf einer tieferen Struktur.

Unterhalb jeder Anwendung existieren:

- Rechenzentren
- Cloud-Netzwerke
- Datenbanken
- Kommunikationsleitungen
- KI-Modelle
- Finanzsysteme

Diese Infrastruktur bildet das Nervensystem der modernen Zivilisation.

Wer dieses Nervensystem kontrolliert, beeinflusst weit mehr als einzelne Unternehmen.

Er beeinflusst die Bedingungen, unter denen Gesellschaft funktioniert.

DIE NEUE KONZENTRATION DER MACHT

Eine der auffälligsten Entwicklungen des 21. Jahrhunderts ist die Konzentration von Rechenleistung.

Historisch war Macht an physische Ressourcen gebunden:

- Land
- Rohstoffe
- Fabriken
- Handelswege

Heute treten neue Ressourcen hinzu:

- Daten
- Chips
- Netzwerke
- Modelle
- Rechenkapazität

Diese Ressourcen konzentrieren sich nicht gleichmäßig.

Sie sammeln sich in wenigen Knotenpunkten.

Dort entsteht eine neue Form struktureller Macht.

Nicht durch Territorien.

Sondern durch Informationskontrolle.

DIE UNSICHTBAREN HERRSCHER DER INFRASTRUKTUR

Die moderne Welt wird von einer Schicht von Akteuren getragen, die der Öffentlichkeit oft weniger bekannt sind als Politiker oder Prominente.

Dazu gehören:

- Betreiber globaler Cloud-Infrastrukturen
- Hersteller von Hochleistungschips
- Betreiber von Unterseekabeln
- Anbieter von KI-Modellen
- Betreiber großer Finanznetzwerke

Diese Akteure bestimmen:

- welche Daten verarbeitet werden können,
- welche Modelle trainiert werden können,
- welche Rechenleistung verfügbar ist,
- welche Märkte miteinander verbunden sind.

Sie kontrollieren nicht notwendigerweise Inhalte.

Sie kontrollieren die Voraussetzungen ihrer Existenz.

DIE RÜCKKEHR DER PRIESTERKASTE

Im ersten Kapitel begegneten wir den Priestern Mesopotamiens.

Sie kontrollierten:

- Schrift
- Buchhaltung
- Vorräte
- Verwaltung

Die Bevölkerung verstand die Mechanismen nicht vollständig.

Doch sie war auf sie angewiesen.

Im 21. Jahrhundert kehrt dieses Muster in neuer Form zurück.

Die neuen Priester tragen keine Gewänder.

Ihre Werkzeuge sind:

- mathematische Modelle
- Programmiersprachen
- neuronale Netze
- Quantenalgorithmen

Wie ihre historischen Vorgänger verwalten sie Systeme, deren Komplexität die meisten Menschen überfordert.

DIE ENTSTEHUNG EINER TECHNOKRATISCHEN ELITE

Jede Gesellschaft erzeugt Spezialisten.

Doch nicht jede Spezialistengruppe wird zu einer Machtelite.

Eine Elite entsteht dort, wo drei Bedingungen zusammenkommen:

1. Exklusives Wissen
2. Kontrolle über kritische Ressourcen
3. Begrenzte Nachprüfbarkeit

Die algorithmische Elite erfüllt alle drei Bedingungen.

Ihr Wissen ist hochspezialisiert.

Ihre Ressourcen sind zentral für Wirtschaft und Politik.

Und ihre Entscheidungen sind oft nur eingeschränkt überprüfbar.

Dies bedeutet nicht, dass sie heimlich die Welt regieren.

Es bedeutet, dass sie überproportionalen Einfluss auf die Struktur der Entscheidungsfindung besitzen.

DIE MACHT DER MODELLE

In früheren Jahrhunderten besaßen Herrscher Armeen.

Heute besitzen Institutionen Modelle.

Der Unterschied ist größer, als er zunächst erscheint.

Ein Modell definiert:

- welche Risiken sichtbar werden,
- welche Chancen relevant erscheinen,
- welche Handlungen empfohlen werden.

Modelle erzeugen Wahrnehmung.

Und Wahrnehmung erzeugt Entscheidungen.

Wer die Modelle kontrolliert, beeinflusst die Realität, die andere sehen.

DIE FINANZWELT ALS MACHTLABOR

Nirgendwo wird dies deutlicher als im Finanzsystem.

Moderne Kapitalströme werden nicht mehr ausschließlich durch Menschen gesteuert.

Sie werden gefiltert durch:

- Risikomodelle
- Bonitätsbewertungen
- Handelsalgorithmen
- Portfoliooptimierungen

Wenn ein Land Investitionen verliert oder gewinnt, geschieht dies häufig nicht allein aufgrund politischer Entscheidungen.

Zwischen Ereignis und Kapitalfluss stehen Modelle.

Die Modelle interpretieren die Welt.

Die Märkte reagieren auf die Interpretation.

DIE NEUE FORM DES FEUDALISMUS

Einige Denker sprechen inzwischen von Technofeudalismus.

Der Begriff ist umstritten, verweist aber auf eine interessante Beobachtung.

Im Feudalismus kontrollierte eine kleine Elite die Infrastruktur des Lebens:

- Land
- Wasser
- Schutz

- Handel

Heute kontrollieren neue Akteure:

- Daten
- Netzwerke
- Rechenzentren
- digitale Identitäten

Der Vergleich ist nicht perfekt.

Doch er macht sichtbar, dass Macht zunehmend infrastrukturell wird.

Menschen besitzen vielleicht ihre Geräte.

Doch die Systeme, von denen diese Geräte abhängen, gehören meist anderen.

DIE OLIGARCHIE DER RECHENLEISTUNG

Besonders deutlich wird dies im Bereich künstlicher Intelligenz.

Fortgeschrittene Modelle benötigen:

- enorme Datenmengen,
- spezialisierte Hardware,
- gewaltige Energiemengen,
- Milliardeninvestitionen.

Dadurch entsteht eine natürliche Konzentration.

Nur wenige Organisationen verfügen über die notwendigen Ressourcen.

Dies führt zu einer paradoxen Situation.

Je demokratischer digitale Technologien erscheinen,

desto stärker konzentriert sich oft die Infrastruktur hinter ihnen.

DIE GEOPOLITISCHE DIMENSION

Der neue Hohe Rat ist kein einzelnes Gremium.

Er ist ein Netzwerk.

Seine Mitglieder sitzen:

- in Konzernzentralen,
- Forschungsinstituten,
- Zentralbanken,
- Technologielaboren,
- Regierungsbehörden.

Die Grenzen zwischen Wirtschaft, Technologie und Staat werden zunehmend durchlässig.

Datenpolitik wird Geopolitik.

Chipproduktion wird Sicherheitspolitik.

KI-Entwicklung wird Machtpolitik.

Die Infrastruktur wird zum strategischen Schlachtfeld des 21. Jahrhunderts.

DIE UNSICHTBARKEIT MODERNER HERRSCHAFT

Die vielleicht größte Stärke dieser neuen Ordnung liegt in ihrer Unsichtbarkeit.

Historische Herrschaft war sichtbar.

Steuern wurden eingetrieben.

Gesetze wurden verkündet.

Soldaten standen auf den Straßen.

Algorithmische Macht wirkt anders.

Sie gestaltet:

- Empfehlungen
- Rankings
- Risikobewertungen
- Informationsflüsse
- Kapitalallokationen

Oft geschieht dies, ohne dass die Betroffenen den Eingriff bemerken.

Die Macht liegt nicht im Befehl.

Sie liegt in der Gestaltung der Möglichkeiten.

DIE FRAGE NACH DER LEGITIMITÄT

Hier stoßen wir auf ein fundamentales Problem.

Demokratische Gesellschaften legitimieren Macht durch:

- Wahlen
- Gesetze
- öffentliche Kontrolle

Doch wie legitimiert sich algorithmische Macht?

Wer wählt die Modelle?

Wer kontrolliert die Trainingsdaten?

Wer entscheidet über Optimierungsziele?

Wer überprüft die Auswirkungen?

Diese Fragen werden zu den zentralen politischen Fragen des 21. Jahrhunderts.

DER HOHE RAT ALS SYSTEM, NICHT ALS VERSCHWÖRUNG

Es wäre ein Fehler, den neuen Hohen Rat als geheime Gruppe zu betrachten.

Die Realität ist komplexer.

Es gibt kein verborgenes Komitee, das die Welt steuert.

Vielmehr entsteht Macht aus der Verflechtung von:

- Kapital
- Technologie
- Wissen
- Infrastruktur

Der neue Hohe Rat ist keine Organisation.

Er ist eine Struktur.

Ein Netzwerk von Institutionen und Akteuren, die gemeinsam die Bedingungen moderner Realität formen.

DIE EIGENTLICHE TRANSFORMATION

Die tiefste Veränderung besteht nicht darin, dass einige wenige mächtiger werden.

Sondern darin, dass Macht selbst ihren Charakter verändert.

Früher bedeutete Macht:

Menschen zu kontrollieren.

Heute bedeutet Macht zunehmend:

Systeme zu kontrollieren, die Menschen beeinflussen.

Die Kontrolle verlagert sich von Individuen auf Architekturen.

Von Befehlen auf Wahrscheinlichkeiten.

Von direkter Herrschaft auf infrastrukturelle Gestaltung.

SCHLUSSBETRACHTUNG

Der neue Hohe Rat regiert nicht wie Könige.

Er erlässt keine Dekrete.

Er fordert keinen Gehorsam.

Seine Macht wirkt subtiler.

Er kontrolliert die Systeme, durch die Informationen fließen, Entscheidungen entstehen und Kapital sich bewegt.

Damit wird er zum zentralen Akteur einer neuen historischen Epoche.

Einer Epoche, in der Macht weniger sichtbar, aber nicht weniger wirksam wird.

KAPITEL 8

DIE NEUE GEHEIMSPRACHE

Wie Code zur Sprache der Macht wurde

> *„Jede Epoche besitzt eine Sprache, die nur wenige verstehen. Wer diese Sprache beherrscht, kann nicht nur die Welt beschreiben – er kann sie verändern.“*

DAS ÄLTESTE MUSTER DER MACHT

Die Geschichte der Zivilisation ist zugleich die Geschichte privilegierter Sprachen.

In frühen Stammesgesellschaften war Wissen weitgehend gemeinschaftlich.

Mit der Entstehung komplexer Gesellschaften änderte sich dies.

Bestimmte Gruppen entwickelten exklusive Zeichensysteme, Fachsprachen und Wissensformen.

Nicht jeder konnte lesen.

Nicht jeder konnte schreiben.

Nicht jeder durfte die heiligen Texte interpretieren.

Sprache wurde zum Instrument der Macht.

Denn Sprache tut mehr, als Informationen zu übermitteln.

Sie bestimmt, was überhaupt gedacht werden kann.

DIE SCHRIFT ALS ERSTE GEHEIMSPRACHE

Als die ersten Schreiber Mesopotamiens Keilschrift entwickelten, entstand eine neue gesellschaftliche Trennung.

Auf der einen Seite standen jene, die Zeichen lesen konnten.

Auf der anderen Seite jene, die ihnen vertrauen mussten.

Die Mehrheit der Bevölkerung hatte keinen direkten Zugang zu:

- Steuerlisten
- Verträgen
- Eigentumsnachweisen
- Verwaltungsakten

Die Schrift war kein neutrales Werkzeug.

Sie war eine Infrastruktur der Macht.

Der Schreiber wurde zum Vermittler zwischen Realität und Dokumentation.

LATEIN UND DIE VERWALTUNG DES WISSENS

Jahrhunderte später übernahm Latein eine ähnliche Rolle.

Im mittelalterlichen Europa war Latein die Sprache von:

- Kirche
- Wissenschaft
- Verwaltung
- Recht

Die meisten Menschen konnten sie nicht verstehen.

Doch Entscheidungen über ihr Leben wurden in dieser Sprache formuliert.

Ein Priester las die Heilige Schrift.

Ein Jurist verfasste Verträge.

Ein Gelehrter schrieb wissenschaftliche Abhandlungen.

Zwischen Wissen und Bevölkerung existierte eine sprachliche Barriere.

Diese Barriere schuf Autorität.

DIE MATHEMATIK ALS UNIVERSELLE PRIESTERSPRACHE

Mit der wissenschaftlichen Revolution trat eine neue Sprache hinzu.

Die Sprache der Zahlen.

Mathematik besaß einen entscheidenden Vorteil.

Sie war präziser als natürliche Sprache.

Sie erlaubte:

- Berechnungen
- Vorhersagen
- Modelle
- technische Konstruktionen

Doch zugleich entstand ein neues Problem.

Je leistungsfähiger die Mathematik wurde, desto weniger Menschen konnten ihr folgen.

Die moderne Gesellschaft akzeptierte dies, weil die Ergebnisse funktionierten.

Flugzeuge flogen.

Brücken hielten.

Elektrizität funktionierte.

Die Autorität der Mathematik beruhte auf ihrer Wirksamkeit.

DER AUFSTIEG DES CODES

Im 20. Jahrhundert erscheint eine weitere Sprache.

Zunächst wirkt sie technisch.

Unscheinbar.

Begrenzt auf Wissenschaftler und Ingenieure.

Diese Sprache heißt:

Code.

Anfangs dient sie lediglich dazu, Maschinen Befehle zu geben.

Doch nach und nach geschieht etwas Unerwartetes.

Code verlässt die Maschine.

Und beginnt, die Gesellschaft zu organisieren.

WENN SPRACHE WIRKLICHKEIT ERSCHAFFT

Natürliche Sprache beschreibt die Welt.

Code verändert sie unmittelbar.

Dieser Unterschied ist entscheidend.

Wenn ein Gesetz verabschiedet wird, muss es interpretiert werden.

Wenn ein Programm ausgeführt wird, erzeugt es direkt eine Handlung.

Code besitzt eine operative Kraft.

Er beschreibt nicht nur Regeln.

Er implementiert sie.

Damit entsteht erstmals eine Sprache, die gleichzeitig Vorschrift und Ausführung ist.

„CODE IS LAW“

Der Informatiker und Rechtswissenschaftler Lawrence Lessig prägte eine berühmte Formel:

Code is Law.

Gemeint war:

Digitale Systeme regulieren Verhalten ähnlich wie Gesetze.

Ein Gesetz kann verbieten, eine Tür zu öffnen.

Code kann die Tür schlicht verschlossen halten.

Ein Gesetz kann einen Zugang untersagen.

Code kann den Zugang technisch unmöglich machen.

Hier beginnt eine neue Form der Macht.

Nicht die Macht der Vorschrift.

Sondern die Macht der Architektur.

DIE UNSICHTBAREN GESETZGEBER

In einer digitalen Gesellschaft entstehen Regeln zunehmend durch technische Gestaltung.

Programmierer entscheiden:

- welche Funktionen verfügbar sind,
- welche Informationen sichtbar werden,
- welche Interaktionen erlaubt sind,
- welche Handlungen blockiert werden.

Diese Entscheidungen wirken oft rein technisch.

Tatsächlich besitzen sie politische Konsequenzen.

Jede Architektur enthält Werte.

Jeder Algorithmus enthält Prioritäten.

Jede Plattform enthält Annahmen darüber, wie Menschen handeln sollen.

DIE PRIESTER DES DIGITALEN TEMPELS

Wie frühere Priester besitzen Entwickler eine besondere Fähigkeit.

Sie können abstrakte Symbole in reale Wirkungen übersetzen.

Einige Zeilen Code können:

- Milliarden bewegen,
- Kommunikation steuern,
- Märkte beeinflussen,
- Infrastruktur kontrollieren.

Natürlich arbeitet die Mehrheit der Entwickler nicht mit solchen Absichten.

Doch die gesellschaftliche Wirkung bleibt bestehen.

Wer Code schreibt, gestaltet zunehmend die Bedingungen der Realität.

DIE NEUE ANALPHABETISMUSFRAGE

Im Mittelalter bedeutete Analphabetismus, nicht lesen zu können.

Im digitalen Zeitalter entsteht eine neue Form.

Viele Menschen können Texte lesen.

Doch sie können die Systeme nicht lesen, die ihren Alltag strukturieren.

Sie verstehen:

- die Oberfläche,
- aber nicht die Logik darunter.

Sie nutzen:

- Apps,
- Plattformen,
- Finanzsysteme,
- KI-Werkzeuge,

ohne deren Funktionsweise nachvollziehen zu können.

Dies erzeugt eine neue Abhängigkeit.

Nicht von Schriftkundigen.

Sondern von Systemkundigen.

DIE SPRACHE DER MASCHINEN

Ein weiterer Wandel vollzieht sich.

Früher schrieben Menschen Code für Maschinen.

Heute schreiben Maschinen zunehmend Code für Menschen.

Künstliche Intelligenz erzeugt:

- Programme,
- Modelle,
- Optimierungen,
- Entscheidungsregeln.

Damit beginnt eine neue Phase.

Die Geheimsprache wird selbst teilweise automatisiert.

Die Priester verlieren das Monopol über die Liturgie.

Die Liturgie beginnt, sich selbst zu schreiben.

DIE FINANZMÄRKTE ALS CODERAUM

Nirgends wird die Macht des Codes deutlicher als im modernen Finanzsystem.

Der heutige Markt besteht aus:

- Handelsalgorithmen,
- Risikomodellen,
- Smart Contracts,
- Datenfeeds,
- automatisierten Strategien.

Kapital bewegt sich nicht mehr primär aufgrund menschlicher Gespräche.

Es bewegt sich aufgrund von Code.

Verträge werden maschinell ausgeführt.

Entscheidungen werden maschinell getroffen.

Liquidität wird maschinell erzeugt.

Die Finanzwelt wird zunehmend zu einem riesigen Programm.

DIE ENTSTEHUNG DIGITALER RITUALE

Historische Religionen kannten Rituale.

Bestimmte Handlungen mussten in einer festgelegten Reihenfolge erfolgen.

Die digitale Welt kennt ähnliche Strukturen.

Anmeldungen.

Authentifizierungen.

Zahlungsprozesse.

Smart Contracts.

Automatisierte Workflows.

Der Nutzer führt Handlungen aus.

Das System reagiert nach festgelegten Regeln.

Der Unterschied liegt nicht in der Existenz von Ritualen.

Sondern darin, dass die Rituale nun von Maschinen überwacht werden.

DIE GRENZEN DER TRANSPARENZ

Viele glauben, Open Source könne das Problem lösen.

Offener Code ist zweifellos wichtig.

Doch Transparenz allein genügt nicht.

Ein modernes KI-System kann Millionen oder Milliarden Parameter enthalten.

Selbst wenn jeder Programmteil öffentlich wäre, könnten nur wenige Menschen die Gesamtheit verstehen.

Die Herausforderung des 21. Jahrhunderts ist daher nicht nur Geheimhaltung.

Es ist kognitive Überforderung.

Die Systeme werden schneller komplex, als menschliches Verständnis wachsen kann.

DIE ENTSTEHUNG EINER NEUEN KLERIKERSCHICHT

Historisch entstand Klerus dort, wo Wissen knapp war.

Heute entsteht eine neue Wissenselite.

Nicht aufgrund geheimer Texte.

Sondern aufgrund technischer Komplexität.

Ihre Werkzeuge sind:

- Mathematik
- Informatik
- Datenwissenschaft
- künstliche Intelligenz

Sie bilden keine geschlossene Klasse.

Doch sie besitzen Fähigkeiten, die für moderne Gesellschaften unverzichtbar geworden sind.

Dadurch entsteht strukturelle Macht.

DIE METAPHYSIK DES CODES

Auf einer tieferen Ebene erfüllt Code eine Funktion, die einst Religion und Philosophie innehatten.

Er beantwortet Fragen wie:

- Was ist erlaubt?
- Was ist möglich?
- Was ist sichtbar?
- Was ist relevant?

Code definiert die Grenzen digitaler Wirklichkeit.

Er wird zur Grammatik einer neuen Welt.

Die meisten Menschen sprechen diese Sprache nicht.

Und dennoch leben sie in den Realitäten, die sie erzeugt.

SCHLUSSBETRACHTUNG

Jede Epoche besitzt ihre Geheimsprache.

Für die Priester Mesopotamiens war es die Schrift.

Für die Gelehrten des Mittelalters das Latein.

Für die Wissenschaftler der Moderne die Mathematik.

Für die digitale Zivilisation ist es der Code.

Doch Code ist mehr als eine Sprache.

Er ist Architektur.

Er ist Regelwerk.

Er ist Machtinstrument.

Und vor allem:

Er ist die Schnittstelle zwischen Idee und Realität.

Diejenigen, die ihn beherrschen, schreiben nicht nur Programme.

Sie schreiben die Bedingungen, unter denen Gesellschaft funktioniert.

KAPITEL 9

ALGORITHMISCHE THEOLOGIE

Wie Modelle die Rolle von Orakeln, Priestern und Göttern übernehmen

> *„Die mächtigsten Glaubenssysteme sind nicht jene, die an Übernatürliches glauben. Die mächtigsten Glaubenssysteme sind jene, die sich selbst nicht mehr als Glaubenssystem erkennen."*

DIE RÜCKKEHR DER ALTEN FRAGEN

Jede Zivilisation steht irgendwann vor denselben Fragen:

- Woher kommt Ordnung?
- Wer kennt die Zukunft?
- Wer interpretiert das Unsichtbare?

- Wer entscheidet, was wahr ist?

Die Antworten haben sich im Laufe der Geschichte verändert.

Früher lauteten sie:

- die Götter,
- die Priester,
- die Propheten,
- die Orakel.

Später wurden diese Antworten ersetzt durch:

- Wissenschaft,
- Statistik,
- Ökonomie,
- Technologie.

Doch die grundlegenden Fragen verschwanden nie.

Sie wechselten lediglich ihre Sprache.

DER MYTHOS DER ENTZAUBERTEN WELT

Die Moderne erzählt sich gerne eine Geschichte.

Es ist die Geschichte der Entzauberung.

Die Vorstellung, dass Wissenschaft und Vernunft die alten Mythen verdrängt hätten.

Dass wir die Welt nun objektiv betrachten.

Ohne Glauben.

Ohne Rituale.

Ohne Priesterschaften.

Doch diese Geschichte ist nur teilweise wahr.

Denn jede Gesellschaft benötigt Systeme zur Reduktion von Unsicherheit.

Menschen können nicht dauerhaft in radikaler Ungewissheit leben.

Sie suchen Orientierung.

Sie suchen Vorhersagbarkeit.

Sie suchen Sinn.

Die Frage lautet daher nicht, ob eine Gesellschaft Glaubenssysteme besitzt.

Sondern welche.

DIE GEBURT DER STATISTISCHEN VORSEHUNG

Mit der Entstehung moderner Statistik geschieht etwas Revolutionäres.

Zum ersten Mal wird die Zukunft mathematisch adressierbar.

Natürlich kann niemand die Zukunft exakt kennen.

Doch Wahrscheinlichkeiten erzeugen etwas Neues:

eine berechenbare Form von Unsicherheit.

Versicherungen entstehen.
Aktienmärkte entstehen.

Risikomanagement entsteht.

Der moderne Mensch beginnt, der Statistik zu vertrauen, wie frühere Kulturen den Sternendeutern vertrauten.

Nicht weil sie unfehlbar wäre.

Sondern weil sie besser funktioniert als reiner Zufall.

DAS NEUE ORAKEL

Im Altertum pilgerten Menschen nach Delphi.

Sie suchten Antworten auf Fragen der Zukunft.

Heute existieren andere Heiligtümer.

Forschungszentren.

Rechenzentren.

Finanzzentren.

KI-Labore.

Dort entstehen Modelle, die beantworten sollen:

- Welche Aktie wird steigen?
- Welche Krankheit wird auftreten?
- Welche Region wird wachsen?
- Welche Person wird kreditwürdig sein?
- Welche Information relevant sein wird?

Der Mechanismus hat sich verändert.

Die Funktion erstaunlich wenig.

VON DER WAHRHEIT ZUR WAHRSCHEINLICHKEIT

Die klassischen Religionen fragten:

> Was ist wahr?

Die algorithmische Welt fragt:

> Was ist wahrscheinlich?

Dieser Unterschied markiert eine der größten kulturellen Transformationen der Menschheitsgeschichte.

Die moderne Gesellschaft organisiert sich zunehmend nicht mehr um Gewissheiten.

Sondern um Wahrscheinlichkeiten.

Wahlen.

Versicherungen.

Finanzmärkte.

Künstliche Intelligenz.

Alle operieren auf dieser Grundlage.

Das Zentrum der Wirklichkeit verschiebt sich.

Von der Wahrheit zur Vorhersage.

DIE PRIESTER DER WAHRSCHEINLICHKEIT

In jeder Religion existieren Spezialisten.

Menschen, die Zeichen interpretieren.

Texte deuten.

Zusammenhänge erklären.

In der algorithmischen Ordnung übernehmen diese Rolle:

- Datenwissenschaftler
- Quant-Analysten
- KI-Forscher
- Statistiker

- Modellarchitekten

Sie lesen keine heiligen Schriften.

Sie lesen Datensätze.

Sie deuten keine Omen.

Sie interpretieren Muster.

Doch ihre gesellschaftliche Funktion weist verblüffende Ähnlichkeiten auf.

Sie übersetzen Unsicherheit in Handlungsempfehlungen.

DIE LITURGIE DER DATEN

Religionen besitzen Rituale.

Sie strukturieren das Verhältnis zwischen Mensch und Unsichtbarem.

Die algorithmische Welt kennt ebenfalls Rituale.

Datensammlung.

Datenbereinigung.

Modelltraining.

Validierung.

Optimierung.

Deployment.

Monitoring.

Für Außenstehende erscheinen diese Prozesse oft ebenso undurchschaubar wie religiöse Zeremonien vergangener Jahrhunderte.

Die Rituale haben sich verändert.

Die soziale Funktion bleibt erstaunlich konstant.

DIE UNSICHTBAREN GÖTTER

Historische Götter waren unsichtbar.

Ihre Existenz wurde aus ihren Wirkungen erschlossen.

Der Regen fiel.

Die Ernte gelang.

Ein Krieg wurde gewonnen.

Heute entstehen neue unsichtbare Akteure.

Algorithmen.

Modelle.

Neuronale Netze.

Sie besitzen keine Persönlichkeit.

Keine Absicht.

Keinen Willen.

Und doch beeinflussen sie:

- Kreditvergaben,
- Marktbewegungen,
- Informationsflüsse,
- politische Kommunikation,
- wirtschaftliche Entscheidungen.

Ihre Existenz wird ebenfalls durch ihre Wirkungen erfahrbar.

DIE KRISE DER INTERPRETIERBARKEIT

Eine zentrale Eigenschaft moderner KI-Systeme besteht darin, dass ihre Entscheidungen häufig nicht vollständig erklärbar sind.

Dies erzeugt ein bemerkenswertes Phänomen.

Menschen vertrauen Ergebnissen, die sie nicht nachvollziehen können.

Ähnlich wie frühere Gesellschaften religiösen Autoritäten vertrauten.

Natürlich ist die Grundlage unterschiedlich.

Doch strukturell entsteht dieselbe Spannung:

Wir akzeptieren Entscheidungen, deren innere Logik sich unserem Verständnis entzieht.

DIE DOGMEN DER DIGITALEN EPOCHE

Jede Theologie besitzt Grundannahmen.

Auch die algorithmische Ordnung.

Zu ihren unausgesprochenen Dogmen gehören oft:

- Mehr Daten sind besser.
- Mehr Berechnung ist besser.
- Mehr Optimierung ist besser.
- Vorhersage ist wertvoller als Erklärung.
- Effizienz ist ein universeller Maßstab.

Diese Annahmen erscheinen vielen selbstverständlich.

Doch sie sind keine Naturgesetze.

Sie sind kulturelle Entscheidungen.

Und jede kulturelle Entscheidung verdient kritische Prüfung.

DIE ERBSÜNDE DER MODELLE

Jede Religion kennt die Vorstellung menschlicher Unvollkommenheit.

Auch Modelle besitzen eine Form von Erbsünde.

Sie entstehen aus Daten der Vergangenheit.

Daher reproduzieren sie:

- historische Verzerrungen,
- bestehende Machtstrukturen,
- gesellschaftliche Ungleichheiten,
- systemische Fehler.

Das Modell erscheint objektiv.

Doch es trägt die Spuren seiner Entstehung.

Es blickt nicht auf die Welt, wie sie sein könnte.

Sondern auf die Welt, wie sie war.

DIE FINANZMÄRKTE ALS TEMPEL DER VORHERSAGE

Nirgendwo wird algorithmische Theologie deutlicher als in der Finanzwelt.

Moderne Märkte beruhen auf einem kollektiven Glaubensakt:

Der Überzeugung, dass zukünftige Entwicklungen modellierbar sind.

Jeder Handel enthält eine implizite Aussage über die Zukunft.

Jedes Risikomodell formuliert eine Theorie über Unsicherheit.

Jeder Algorithmus enthält eine Vorstellung davon, wie die Welt funktioniert.

Die Finanzmärkte sind deshalb nicht nur ökonomische Systeme.

Sie sind gigantische Maschinen zur Produktion von Zukunftserwartungen.

DIE NEUE VORSEHUNG

Historische Religionen sprachen von göttlicher Vorsehung.

Von einer Ordnung, die hinter den Ereignissen wirkte.

Die algorithmische Gesellschaft entwickelt eine säkulare Variante dieses Gedankens.

Die Überzeugung, dass ausreichend Daten und ausreichend Rechenleistung die verborgenen Strukturen der Realität sichtbar machen können.

Dieser Glaube treibt:

- künstliche Intelligenz,
- Predictive Analytics,
- Quantenoptimierung,
- algorithmischen Handel.

Er bildet den geistigen Kern der neuen Epoche.

DER UNTERSCHIED ZWISCHEN GOTT UND MODELL

An diesem Punkt ist eine wichtige Unterscheidung notwendig.

Modelle sind keine Götter.

Sie besitzen:

- kein Bewusstsein,
- keine Moral,
- keine Absicht.

Die eigentliche Gefahr liegt daher nicht in den Modellen selbst.

Sondern darin, ihnen Eigenschaften zuzuschreiben, die sie nicht besitzen.

Wenn Gesellschaften beginnen zu glauben, dass Modelle objektiv, neutral und unfehlbar seien, entsteht eine neue Form von Dogmatismus.

Nicht religiöser Dogmatismus.

Sondern technischer Dogmatismus.

DIE ENTSTEHUNG EINER NEUEN METAPHYSIK

Jede Epoche entwickelt Vorstellungen darüber, wie die Welt im Innersten funktioniert.

Für die Antike waren es Götter.

Für das Mittelalter göttliche Ordnung.

Für die Aufklärung Naturgesetze.

Für das Informationszeitalter entstehen neue Konzepte:

- Netzwerke,
- Datenströme,
- Wahrscheinlichkeiten,
- Informationsfelder,
- Algorithmen.

Diese Begriffe werden zu den metaphysischen Bausteinen der Gegenwart.

Sie erklären nicht nur die Welt.

Sie definieren, was als erklärbar gilt.

DIE EIGENTLICHE FRAGE

Die wichtigste Frage lautet daher nicht:

> Werden Algorithmen mächtiger?

Das geschieht bereits.

Die eigentliche Frage lautet:

> Welche Werte schreiben wir in diese Systeme ein?

Denn jede Technologie verstärkt die Ziele, die ihr vorgegeben werden.

Wenn Effizienz das höchste Ziel ist, verstärkt sie Effizienz.

Wenn Kontrolle das höchste Ziel ist, verstärkt sie Kontrolle.

Wenn Fairness das höchste Ziel ist, verstärkt sie Fairness.

Die Zukunft wird nicht allein durch Technologie entschieden.

Sondern durch die Werte, die ihre Architektur prägen.

SCHLUSSBETRACHTUNG

Die algorithmische Theologie ist keine Religion im traditionellen Sinn.

Sie besitzt keine Tempel.

Keine heiligen Schriften.

Keine Priesterschaft im klassischen Verständnis.

Und doch erfüllt sie ähnliche Funktionen.

Sie reduziert Unsicherheit.

Sie produziert Orientierung.

Sie interpretiert das Unsichtbare.

Sie strukturiert Erwartungen über die Zukunft.

Genau deshalb ist sie so mächtig.

Nicht weil sie Menschen zum Glauben zwingt.

Sondern weil sie zunehmend die Werkzeuge bereitstellt, mit denen moderne Gesellschaften Wirklichkeit wahrnehmen.

TEIL IV

DAS QUANTENREICH

KAPITEL 10

DIE QUANTENREVOLUTION

Der Traum, die Zukunft vor ihrer Entstehung zu berechnen

> *„Jede große Machtfantasie der Menschheitsgeschichte kreiste um dieselbe Sehnsucht: die Unsicherheit zu überwinden. Der Quantencomputer ist der bislang ambitionierteste Versuch, diese Sehnsucht in Technologie zu verwandeln.“*

Die Geschichte dieses Buches führte uns von den Priestern Mesopotamiens über die Finanzalchemisten der Renaissance bis zu den Algorithmen der Gegenwart.

Jede Epoche vergrößerte die Reichweite menschlicher Vorhersage.

- Die Schrift speicherte Wissen.
- Die Mathematik strukturierte Wissen.
- Der Computer beschleunigte Wissen.
- Die künstliche Intelligenz automatisierte Wissen.

Doch nun erscheint eine Technologie, die verspricht, die Grenzen des bisherigen Rechnens selbst zu überschreiten.

Der Quantencomputer.

Für manche ist er die nächste industrielle Revolution.

Für andere ein überschätzter Traum.

Für die Finanzwelt jedoch repräsentiert er etwas noch Bedeutenderes:

Die Möglichkeit, Unsicherheit auf einer neuen Ebene zu beherrschen.

DIE GRENZEN DER KLASSISCHEN MASCHINE

Jeder Computer der Gegenwart basiert letztlich auf derselben Grundidee.

Information wird durch Bits dargestellt.

Ein Bit besitzt zwei Zustände:

0 oder 1.

Selbst die größten Rechenzentren der Welt bestehen letztlich aus gigantischen Ansammlungen solcher Entscheidungen.

Die Leistungsfähigkeit moderner Systeme entsteht durch schiere Masse und Geschwindigkeit.

Doch bestimmte Probleme bleiben extrem schwierig.

Dazu gehören:

- Portfoliooptimierung
- Risikoanalyse
- Lieferketten
- Molekülsimulation
- komplexe Vorhersagemodelle

Nicht weil Computer zu langsam wären.

Sondern weil die Zahl möglicher Lösungen explodiert.

Die Komplexität wächst schneller als die Rechenleistung.

Der Quantencomputer basiert auf einer radikal anderen Idee.

Anstelle klassischer Bits verwendet er Qubits.

Ein Qubit kann – vereinfacht gesprochen – mehrere Zustände gleichzeitig repräsentieren.

Die populäre Darstellung lautet:

Ein Qubit kann 0 und 1 zugleich sein.

Physikalisch ist dies nur eine Annäherung.

Doch sie vermittelt die zentrale Idee:

Der Quantencomputer verarbeitet Möglichkeiten anders als klassische Maschinen.

Er bewegt sich nicht linear durch einen Lösungsraum.

Er erkundet viele Möglichkeiten gleichzeitig.

WARUM DIE FINANZWELT FASZINIERT IST

Finanzmärkte sind letztlich gigantische Systeme von Möglichkeiten.

Jeder Handel enthält:

- verschiedene Risiken,
- verschiedene Zeithorizonte,
- verschiedene Wahrscheinlichkeiten.

Die Zahl möglicher Kombinationen wächst exponentiell.

Genau hier liegt die Hoffnung der Finanzindustrie.

Ein Quantencomputer könnte theoretisch Probleme lösen, die klassische Systeme nur näherungsweise behandeln können.

Beispielsweise:

- optimale Kapitalallokation,
- komplexe Arbitragestrukturen,
- dynamische Risikoverteilung,
- Marktprognosen mit enormen Variablenräumen.

Der Traum lautet:

Nicht nur schneller rechnen.

Sondern anders rechnen.

An dieser Stelle beginnt häufig die Übertreibung.

In populären Darstellungen erscheint der Quantencomputer fast wie eine technologische Gottheit.

Ein Orakel.

Eine Maschine, die jede Zukunft kennt.

Die Realität ist wesentlich nüchterner.

Quantencomputer sind keine Magie.

Sie lösen nicht jedes Problem.

Sie ersetzen weder menschliches Denken noch ökonomische Unsicherheit.

Viele der spektakulärsten Erwartungen beruhen auf Missverständnissen.

Doch gerade deshalb ist die tatsächliche Entwicklung interessanter.

Denn ihre Macht liegt nicht in Allwissenheit.

Sondern in der Veränderung dessen, was berechenbar wird.

VON DER GESCHWINDIGKEIT ZUR KOMPLEXITÄT

Der Hochfrequenzhandel eroberte die Zeit.

Die Quantenrevolution versucht etwas anderes.

Sie erobert Komplexität.

Der entscheidende Wettbewerbsvorteil besteht künftig möglicherweise nicht darin, Informationen zuerst zu erhalten.

Sondern darin, komplexe Zusammenhänge besser zu modellieren.

Der Übergang ist historisch bedeutsam.

Er markiert den Wandel:

von Geschwindigkeit

zu Struktur.

von Reaktion

zu Simulation.

von Handel

zu Prognose.

DIE GEBURT DES QUANTENORAKELS

Hier berührt die Quantenrevolution die zentrale These dieses Buches.

Historisch entstanden Machtzentren dort, wo Unsicherheit reduziert werden konnte.

Die Priester deuteten den Himmel.

Die Mathematiker berechneten Wahrscheinlichkeiten.

Die Algorithmen analysierten Daten.

Der Quantencomputer verspricht, all diese Fähigkeiten zu potenzieren.

Deshalb erscheint er vielen als modernes Orakel.

Nicht weil er die Zukunft kennt.

Sondern weil er mehr Zukunftsmöglichkeiten gleichzeitig bewerten kann.

DIE REALITÄT IM JAHR 2026

An dieser Stelle ist eine wichtige Differenzierung notwendig.

Die öffentliche Debatte überschätzt häufig den aktuellen Entwicklungsstand.

Im Jahr 2026 existieren zwar leistungsfähige Quantencomputer und bedeutende Forschungsfortschritte.

Doch die meisten Finanzinstitutionen arbeiten noch nicht mit vollwertigen quantengestützten Handelssystemen.

Stattdessen dominieren:

- quanteninspirierte Algorithmen,
- hybride Systeme,
- Optimierungsverfahren,
- KI-gestützte Simulationen.

Die eigentliche Revolution findet gegenwärtig weniger in der Hardware als im Denken statt.

Die Finanzwelt beginnt, Probleme aus einer Quantenperspektive zu betrachten.

DIE NEUE GEOPOLITIK DES RECHNENS

Jede transformative Technologie erzeugt geopolitische Konkurrenz.

So war es bei:

- der Dampfmaschine,
- der Elektrizität,
- dem Internet,
- der künstlichen Intelligenz.

Die Quantenrevolution bildet keine Ausnahme.

Staaten investieren Milliarden.

Warum?

Weil Quantencomputing nicht nur wirtschaftliche Vorteile verspricht.

Sondern strategische Macht.

Wer komplexe Systeme besser simulieren kann, erhält Vorteile bei:

- Finanzen,
- Logistik,
- Materialwissenschaft,
- Kryptografie,
- Verteidigung.

Die Kontrolle über Rechenfähigkeit wird zur geopolitischen Ressource.

DIE BEDROHUNG DER KRYPTOGRAPHIE

Ein besonders sensibles Feld betrifft die Sicherheit digitaler Systeme.

Moderne Verschlüsselung beruht auf mathematischen Problemen, die klassische Computer nur schwer lösen können.

Leistungsfähige Quantencomputer könnten bestimmte Verfahren erheblich schwächen.

Deshalb entsteht weltweit ein Wettlauf um sogenannte Post-Quantum-Kryptographie.

Die Ironie ist bemerkenswert:

Die Technologie, die neue Möglichkeiten eröffnet, bedroht zugleich die Grundlagen digitalen Vertrauens.

DIE FINANZELITE UND DIE SUCHE NACH DEM VORSPRUNG

Historisch suchte die Finanzwelt stets nach Informationsvorteilen.

Früher waren es Handelsrouten.

Dann Telegrafen.

Dann Computer.

Dann Hochfrequenznetzwerke.

Die Quantenrevolution erscheint als nächster logischer Schritt.

Der Anreiz ist enorm.

Wer Unsicherheit besser modellieren kann, besitzt:

- bessere Prognosen,
- bessere Risikomodelle,
- bessere Kapitalallokation.

Daraus ergibt sich eine neue Form ökonomischer Asymmetrie.

Nicht alle Marktteilnehmer verfügen über dieselbe Rechenmacht.

DIE ENTSTEHUNG ALGORITHMISCHER ARISTOKRATIEN

Hier zeigt sich eine der zentralen Gefahren.

Jede technologische Revolution erzeugt Gewinner und Verlierer.

Die Quantenrevolution könnte diesen Effekt verstärken.

Denn ihre Infrastruktur ist teuer.

Sie erfordert:

- Spitzenforschung,
- Hochtechnologie,
- enorme Investitionen,
- seltene Fachkompetenzen.

Dadurch entsteht die Möglichkeit einer neuen Wissensaristokratie.

Einer Elite, deren Vorteil nicht auf Eigentum allein beruht.

Sondern auf exklusiver Rechenfähigkeit.

DIE PHILOSOPHISCHE BEDEUTUNG

Die tiefste Bedeutung der Quantenrevolution liegt möglicherweise nicht in der Technologie selbst.

Sondern im Menschenbild, das sie offenbart.

Seit Jahrtausenden versuchen Menschen, Unsicherheit zu reduzieren.

Die Quantenrevolution ist Ausdruck dieser uralten Sehnsucht.

Sie zeigt den Wunsch,

- Risiken zu beherrschen,
- Märkte vorherzusagen,
- Zukunft zu simulieren,
- Komplexität zu zähmen.

Doch jede Erweiterung unserer Prognosefähigkeit erzeugt neue Fragen.

Wenn wir mehr sehen können,

wer entscheidet, wie dieses Wissen eingesetzt wird?

DIE GRENZE DES VORHERSAGBAREN

Hier begegnen wir einer fundamentalen Wahrheit.

Keine Technologie kann Unsicherheit vollständig beseitigen.

Nicht weil Computer zu schwach wären.

Sondern weil komplexe Systeme prinzipielle Grenzen besitzen.

Gesellschaften.

Märkte.

Kulturen.

Politische Ordnungen.

Sie bestehen aus reflexiven Akteuren.

Menschen verändern ihr Verhalten, sobald sie Vorhersagen kennen.

Dadurch verändert sich das System selbst.

Die Zukunft bleibt beweglich.

DIE EIGENTLICHE REVOLUTION

Die Quantenrevolution besteht daher nicht darin, dass Maschinen allwissend werden.

Sie besteht darin, dass sich die Grenze zwischen Wissen und Nichtwissen verschiebt.

Einige Probleme werden berechenbarer.

Andere erscheinen erst dadurch sichtbar.

Jede Erweiterung unseres Horizonts enthüllt neue Unsicherheiten.

Genau deshalb endet die Geschichte nie.

Sie wird lediglich komplexer.

SCHLUSSBETRACHTUNG

Der Quantencomputer ist weder Heilsbringer noch Weltbeherrscher.

Er ist das bislang fortschrittlichste Werkzeug in der langen Geschichte menschlicher Versuche, Ordnung aus Unsicherheit zu gewinnen.

Doch wie jede mächtige Technologie verstärkt er bestehende Strukturen.

Er verstärkt:

- Wissen,
- Kapital,
- Infrastruktur,
- Macht.

Die entscheidende Frage lautet deshalb nicht:

> Was können Quantencomputer?

Sondern:

> Wer wird sie kontrollieren – und zu welchem Zweck?

KAPITEL 11

DIE HERRSCHAFT DER MÖGLICHKEITEN

Wie Wahrscheinlichkeiten beginnen, Realität zu erschaffen

> *„Die größte Macht besteht nicht darin, die Zukunft vorherzusagen. Die größte Macht besteht darin, Bedingungen zu schaffen, unter denen eine bestimmte Zukunft wahrscheinlicher wird."*

DER VERBORGENE WENDEPUNKT

Die Geschichte menschlicher Macht kennt eine stille, aber fundamentale Transformation.

Lange Zeit bestand Macht darin, auf Ereignisse zu reagieren.

Ein Herrscher wartete auf eine Krise.

Ein General reagierte auf einen Angriff.

Ein Händler reagierte auf einen Marktpreis.

Die Zukunft erschien als etwas, das auf uns zukam.

Etwas, das beobachtet, interpretiert und beantwortet werden musste.

Im 21. Jahrhundert beginnt sich diese Beziehung umzukehren.

Die neuen Systeme beobachten nicht mehr nur die Zukunft.

Sie beginnen, sie vorzustrukturieren.

Sie schaffen Wahrscheinlichkeitsräume.

Und in diesen Räumen werden bestimmte Entwicklungen wahrscheinlicher als andere.

Hier beginnt die Herrschaft der Möglichkeiten.

DIE UNSICHTBARE MACHT DER WAHRSCHEINLICHKEIT

Die meisten Menschen verstehen Macht als direkten Eingriff.

Ein Befehl.

Ein Gesetz.

Ein Verbot.

Eine Anweisung.

Doch moderne Macht wirkt zunehmend indirekt.

Sie verändert nicht die Entscheidung selbst.

Sie verändert die Bedingungen, unter denen entschieden wird.

Ein einfaches Beispiel:

Ein Supermarkt zwingt niemanden, ein bestimmtes Produkt zu kaufen.

Doch die Platzierung im Regal beeinflusst die Kaufwahrscheinlichkeit.

Die Entscheidung bleibt frei.

Die Wahrscheinlichkeit verändert sich.

Diese Logik wird zur Grundstruktur algorithmischer Systeme.

DIE ARCHITEKTUR DER ENTSCHEIDUNG

Jede Entscheidung entsteht innerhalb einer Umgebung.

Diese Umgebung bestimmt:

- welche Informationen sichtbar sind,

- welche Optionen erscheinen,
- welche Risiken wahrgenommen werden,
- welche Alternativen denkbar wirken.

Algorithmen gestalten genau diese Umgebung.

Sie entscheiden:

- welche Nachricht zuerst erscheint,
- welche Aktie empfohlen wird,
- welche Route vorgeschlagen wird,
- welche Produkte sichtbar werden.

Der Nutzer entscheidet.

Doch die Architektur der Entscheidung wurde bereits gestaltet.

VOM MARKT DER GÜTER ZUM MARKT DER AUFMERKSAMKEIT

Im Industriezeitalter konkurrierten Unternehmen um Rohstoffe.

Im Informationszeitalter konkurrieren sie um Aufmerksamkeit.

Aufmerksamkeit besitzt eine bemerkenswerte Eigenschaft:

Sie beeinflusst Wahrscheinlichkeit.

Was Aufmerksamkeit erhält,

- wird diskutiert,
- wird investiert,
- wird verbreitet,
- wird legitimiert.

Die Kontrolle von Aufmerksamkeit wird damit zu einer Form indirekter Zukunftsgestaltung.

DIE ENTSTEHUNG DER PROBABILISTISCHEN GESELLSCHAFT

Historische Gesellschaften organisierten sich über Regeln.

Moderne Gesellschaften organisieren sich zunehmend über Wahrscheinlichkeiten.

Versicherungen bewerten Risiken.

Banken bewerten Ausfallwahrscheinlichkeiten.

Polizeisysteme analysieren Risikomuster.

Plattformen berechnen Verhaltenswahrscheinlichkeiten.

Märkte bewerten Zukunftserwartungen.

Die Gesellschaft wird nicht mehr primär durch Verbote gesteuert.

Sondern durch Prognosen.

WENN VORHERSAGEN WIRKLICHKEIT ERZEUGEN

Hier begegnen wir einem der tiefsten Paradoxien der Moderne.

Eine Vorhersage kann das Verhalten der Menschen verändern.

Und dadurch die Vorhersage selbst beeinflussen.

Ein Beispiel:

Wenn genügend Investoren glauben, dass ein Markt steigen wird, kaufen sie.

Durch ihre Käufe steigt der Markt.

Die Erwartung erzeugt die Realität.

In der Soziologie spricht man von einer selbsterfüllenden Prophezeiung.

In der Finanzwelt ist dies Alltag.

DIE REFLEXIVITÄT DER MÄRKTE

Der Investor und Philosoph George Soros beschrieb diesen Mechanismus als Reflexivität.

Menschen beobachten die Welt.

Ihre Beobachtung verändert ihr Verhalten.

Das veränderte Verhalten verändert die Welt.

Die Welt beeinflusst wiederum die Beobachtung.

Ein Kreislauf entsteht.

Moderne Algorithmen werden zunehmend Teil dieses Kreislaufs.

Sie beobachten.

Sie prognostizieren.

Sie handeln.

Und verändern dadurch die Bedingungen ihrer eigenen Prognosen.

DIE GEBURT SYNTHETISCHER REALITÄT

Mit zunehmender Digitalisierung geschieht etwas Neues.

Menschen reagieren nicht mehr nur auf physische Ereignisse.

Sie reagieren auf digitale Modelle der Wirklichkeit.

Börsen reagieren auf Prognosen.

Unternehmen reagieren auf Rankings.

Banken reagieren auf Ratings.

Politiker reagieren auf Datenanalysen.

Die Repräsentation der Realität beginnt, die Realität selbst zu steuern.

Das Modell wird Teil des Systems, das es beschreibt.

DIE MACHT DER RANKINGS

Rankings erscheinen harmlos.

Sie ordnen.

Bewerten.

Vergleichen.

Doch Rankings verändern Verhalten.

Wenn Universitäten gerankt werden, verändern sie ihre Strategien.

Wenn Unternehmen bewertet werden, ändern sie ihre Prioritäten.

Wenn Länder eingestuft werden, reagieren Investoren.

Der Bewertungsmechanismus wird selbst zu einem Akteur.

Die Karte beginnt, das Territorium zu beeinflussen.

DER MARKT ALS ZUKUNFTSMASCHINE

Finanzmärkte sind die fortschrittlichsten Wahrscheinlichkeitsmaschinen der Menschheitsgeschichte.

Jeder Preis enthält:

- Erwartungen,
- Hoffnungen,
- Ängste,
- Prognosen.

Der Markt bewertet nicht die Gegenwart.

Er bewertet mögliche Zukünfte.

Deshalb ist ein Börsenkurs niemals nur eine Zahl.

Er ist eine kollektive Aussage über Wahrscheinlichkeiten.

DIE NEUE MACHTELITE

Im Zeitalter der Möglichkeiten entsteht eine neue Elite.

Nicht jene, die Ereignisse kontrolliert.

Sondern jene, die Wahrscheinlichkeiten gestalten kann.

Dazu gehören:

- Betreiber großer Plattformen,
- Entwickler von KI-Systemen,
- Eigentümer von Dateninfrastrukturen,
- Finanzinstitutionen,
- Modellarchitekten.

Ihre Macht liegt nicht im direkten Zwang.

Sie liegt in der Fähigkeit, Zukunftsräume zu strukturieren.

DIE FINANZWELT ALS LABORATORIUM

Die Finanzmärkte demonstrieren diesen Wandel besonders deutlich.

Algorithmen analysieren:

- Nachrichten,
- Liquidität,
- Marktstimmung,
- geopolitische Signale,
- soziale Dynamiken.

Auf Basis dieser Analysen bewegen sich Kapitalströme.

Kapital wiederum verändert:

- Unternehmen,
- Regionen,
- Technologien,
- Staaten.

Das Modell bewertet die Zukunft.

Die Bewertung beeinflusst Investitionen.

Investitionen verändern die Zukunft.

Die Schleife schließt sich.

DIE ENTSTEHUNG ALGORITHMISCHER WIRKLICHKEITEN

Die klassische Ökonomie ging davon aus, dass Märkte Realität spiegeln.

Heute entsteht eine andere Dynamik.

Algorithmen beginnen, Realität mitzugestalten.

Wenn Millionen Entscheidungen auf denselben Modellen beruhen, entsteht eine neue Kraft.

Nicht die Vorhersage einzelner Ereignisse.

Sondern die Erzeugung kollektiver Dynamiken.

Der Markt wird zunehmend zu einem selbstreferenziellen System.

DIE ILLUSION DER OBJEKTIVITÄT

Weil Modelle mathematisch erscheinen, wirken ihre Ergebnisse objektiv.

Doch jede Modellierung enthält Entscheidungen:

- Welche Daten werden verwendet?
- Welche Faktoren werden gewichtet?
- Welche Ziele werden optimiert?
- Welche Risiken ignoriert?

Die Herrschaft der Möglichkeiten basiert daher niemals auf neutralen Wahrscheinlichkeiten.

Sie basiert auf menschlich definierten Wahrscheinlichkeitsarchitekturen.

DIE NEUE FORM DER SOUVERÄNITÄT

Historisch bedeutete Souveränität:

Die Fähigkeit, Gesetze zu erlassen.

Im digitalen Zeitalter entsteht eine neue Form.

Die Fähigkeit,

- Sichtbarkeit zu steuern,
- Aufmerksamkeit zu lenken,
- Kapital zu allokieren,
- Wahrscheinlichkeiten zu beeinflussen.

Die Herrschaft verlagert sich von Regeln zu Erwartungen.

Von Befehlen zu Modellen.

Von Autorität zu Wahrscheinlichkeit.

DIE PHILOSOPHISCHE KONSEQUENZ

Hier erreichen wir den Kern der algorithmischen Esoterik.

Macht bedeutet nicht mehr primär:

Menschen zu zwingen.

Macht bedeutet:

Möglichkeiten zu strukturieren.

Wer die Wahrscheinlichkeiten kontrolliert,

kontrolliert oft die Ergebnisse,

ohne jemals direkt eingreifen zu müssen.

Die Zukunft erscheint offen.

Doch ihre Wahrscheinlichkeitslandschaft wurde bereits gestaltet.

DIE GRENZE DER VORHERSAGE

Trotz aller technologischen Fortschritte bleibt ein entscheidender Faktor bestehen:

Der Mensch.

Menschen sind keine Teilchen.

Keine Variablen.

Keine perfekten Modelle.

Sie besitzen:

- Kreativität,

- Irrationalität,
- Widerstand,
- Überraschungsfähigkeit.

Jede Vorhersagemaschine stößt letztlich auf diese Grenze.

Die Zukunft bleibt offen, weil Menschen offen bleiben.

SCHLUSSBETRACHTUNG

Die Herrschaft der Möglichkeiten ist die subtilste Form von Macht, die die Menschheitsgeschichte bislang hervorgebracht hat.

Sie operiert nicht durch Gewalt.

Nicht durch Gesetze.

Nicht durch offene Kontrolle.

Sie operiert durch die Gestaltung von Wahrscheinlichkeiten.

Und genau deshalb bleibt sie oft unsichtbar.

Die entscheidende politische Frage des 21. Jahrhunderts lautet daher nicht:

> Wer kontrolliert die Gegenwart?

Sondern:

Wer gestaltet die Räume möglicher Zukunft?

KAPITEL 12

QUANTENVERTRÄGE UND AUTONOME MÄRKTE

Die Geburt einer Wirtschaft, die ohne Menschen funktionieren könnte

> *„Der Kapitalismus begann als Markt zwischen Menschen. Er könnte als Markt zwischen Maschinen enden.“*

DER NÄCHSTE SCHRITT NACH DEM ALGORITHMUS

Die Entwicklung der Finanzmärkte folgt einer inneren Logik.

Jede Phase versucht, einen Engpass der vorherigen zu überwinden.

Zunächst war der Mensch der Engpass.

Emotionen.

Fehler.

Langsame Entscheidungen.

Der Algorithmus ersetzte viele dieser Schwächen.

Doch auch Algorithmen besitzen Grenzen.

Sie benötigen:

- menschliche Programmierung,
- menschliche Aufsicht,
- menschliche Verträge,
- menschliche Institutionen.

Die nächste Stufe besteht darin, auch diese Abhängigkeiten zu reduzieren.

Hier beginnt die Welt autonomer Märkte.

VON VERTRÄGEN ZU PROGRAMMEN

Ein Vertrag war über Jahrtausende ein menschliches Instrument.

Zwei Parteien trafen eine Vereinbarung.

Die Durchsetzung erfolgte durch:

- soziale Normen,
- Gerichte,

- Staaten,
- Gewaltmonopole.

Jeder Vertrag enthielt Interpretationsspielräume.

Menschen konnten streiten.

Richter konnten abwägen.

Kontexte konnten berücksichtigt werden.

Die digitale Revolution verändert diese Struktur grundlegend.

DIE GEBURT DES SMART CONTRACTS

Mit der Entwicklung verteilter Netzwerke entstand eine neue Idee.

Ein Vertrag könnte selbst ausführbar sein.

Nicht als Dokument.

Sondern als Programm.

Ein sogenannter Smart Contract.

Er beschreibt nicht nur eine Regel.

Er setzt sie automatisch durch.

Wenn Bedingung A erfüllt ist,

tritt Konsequenz B ein.

Keine Verhandlung.

Keine Interpretation.

Keine Verzögerung.

Der Vertrag wird zur Maschine.

DER WEG ZUM QUANTENVERTRAG

Der Begriff „Quantenvertrag“ wird in diesem Buch bewusst weiter gefasst als seine heutige technische Bedeutung.

Er bezeichnet eine neue Klasse von Vereinbarungen:

- hochautomatisiert,
- adaptiv,
- datengetrieben,
- algorithmisch gesteuert,
- potenziell quantenoptimiert.

Der Quantenvertrag ist nicht mehr bloß ein Dokument.

Er wird zu einem eigenständigen Entscheidungsakteur.

Er bewertet Situationen.

Er passt Bedingungen an.

Er reagiert auf Marktveränderungen.

Er entwickelt eine begrenzte Form operativer Autonomie.

DIE VERSCHMELZUNG VON VERTRAG UND ALGORITHMUS

Historisch waren Regeln und Entscheidungen getrennt.

Der Vertrag definierte die Regel.

Der Mensch traf die Entscheidung.

Der Quantenvertrag hebt diese Trennung auf.

Die Regel wird selbst zum Entscheider.

Damit verschiebt sich eine fundamentale Grenze der Zivilisation.

Nicht mehr Menschen interpretieren Regeln.

Regeln beginnen, sich selbst auszuführen.

DIE NEUE INFRASTRUKTUR DES VERTRAUENS

Vertrauen war lange eine soziale Ressource.

Man vertraute:

- Familien,
- Gemeinschaften,
- Institutionen,
- Staaten.

Digitale Systeme versuchen Vertrauen technisch zu ersetzen.

Blockchain-Systeme sind Ausdruck dieser Idee.

Nicht Vertrauen in Menschen.

Sondern Vertrauen in Protokolle.

Nicht Vertrauen in Institutionen.

Sondern Vertrauen in mathematische Verfahren.

Der Quantenvertrag stellt die radikalste Ausprägung dieser Entwicklung dar.

WENN KAPITAL MIT KAPITAL SPRICHT

Die klassische Finanzwelt beruhte auf menschlicher Kommunikation.

Banker telefonierten.

Händler verhandelten.

Investoren diskutierten.

Autonome Märkte verändern dieses Bild.

Maschinen kommunizieren direkt miteinander.

Algorithmen handeln mit Algorithmen.

Liquidität wird algorithmisch bereitgestellt.

Risiken werden algorithmisch bewertet.

Kapital beginnt, mit Kapital zu kommunizieren.

Der Mensch verschwindet zunehmend aus dem operativen Zentrum.

DIE ENTSTEHUNG AUTONOMER MARKTAKTEURE

Eine der bemerkenswertesten Entwicklungen der Gegenwart ist die Entstehung digitaler Akteure.

Diese besitzen keine Persönlichkeit.

Kein Bewusstsein.

Keine Identität im menschlichen Sinne.

Und dennoch treffen sie Entscheidungen.

Beispiele sind:

- algorithmische Handelsagenten,
- automatisierte Liquiditätsprotokolle,
- dezentrale Finanzsysteme,
- selbstoptimierende Investmentmodelle.

Sie handeln innerhalb definierter Ziele.

Doch ihre konkreten Entscheidungen entstehen autonom.

Seit Kapitel 4 begleitet uns die Figur des verschwundenen Parketthändlers.

Nun erreicht diese Entwicklung ihren logischen Endpunkt.

Ein Markt benötigt theoretisch keine menschlichen Händler mehr.

Er benötigt lediglich:

- Kapital,
- Daten,
- Rechenleistung,
- Regeln.

Die Preisbildung erfolgt maschinell.

Die Risikoanalyse erfolgt maschinell.

Die Ausführung erfolgt maschinell.

Der Markt wird zu einer kybernetischen Struktur.

DIE EMERGENZ ÖKONOMISCHER INTELLIGENZ

Hier beginnt eine der faszinierendsten Fragen des 21. Jahrhunderts.

Was geschieht, wenn Millionen Algorithmen gleichzeitig interagieren?

Niemand kontrolliert das Gesamtsystem.

Niemand besitzt vollständige Übersicht.

Und dennoch entsteht Ordnung.

Preise bilden sich.

Liquidität verteilt sich.

Risiken werden absorbiert.

Das System entwickelt Eigenschaften, die kein einzelner Akteur geplant hat.

Dies nennt man Emergenz.

DER TRAUM DER PERFEKTEN EFFIZIENZ

Befürworter autonomer Märkte sehen darin eine historische Chance.

Maschinen kennen:

- keine Müdigkeit,
- keine Angst,
- keine Gier im menschlichen Sinn,
- keine politischen Loyalitäten.

Ein vollständig automatisierter Markt könnte theoretisch:

- effizienter,
- schneller,
- günstiger,
- stabiler

arbeiten als menschliche Institutionen.

Aus dieser Perspektive erscheint Autonomie als Fortschritt.

DAS PROBLEM DER ZIELSETZUNG

Doch jede Maschine verfolgt Ziele.

Die entscheidende Frage lautet daher:

Wer definiert diese Ziele?

Ein Algorithmus optimiert lediglich das, was ihm vorgegeben wurde.

Wenn das Ziel lautet:

> maximale Rendite

wird er Rendite maximieren.

Nicht Fairness.

Nicht soziale Stabilität.

Nicht demokratische Legitimität.

Autonomie löst daher nicht das Machtproblem.

Sie verschiebt es auf die Ebene der Zieldefinition.

DIE NEUE UNSICHTBARKEIT

Frühere Machtstrukturen waren sichtbar.

Man konnte erkennen:

- den König,
- die Bank,
- die Regierung,
- das Unternehmen.

Autonome Systeme erschweren diese Zuordnung.

Entscheidungen entstehen aus Netzwerken.

Aus Protokollen.

Aus Modellen.

Aus Interaktionen.

Verantwortung verteilt sich über viele Ebenen.

Dadurch entsteht eine neue Form der Unsichtbarkeit.

Nicht die Unsichtbarkeit geheimer Herrscher.

Sondern die Unsichtbarkeit komplexer Systeme.

QUANTENOPTIMIERUNG UND MARKTKOORDINATION

Hier tritt die Quantenrevolution erneut in Erscheinung.

Quanten- und quanteninspirierte Verfahren versprechen, komplexe Koordinationsprobleme effizienter zu lösen.

Zum Beispiel:

- globale Kapitalallokation,
- Risikobalancierung,
- Liquiditätssteuerung,
- Netzwerkoptimierung.

Sollten solche Systeme eines Tages großflächig eingesetzt werden, könnten Märkte beginnen, sich mit einer Geschwindigkeit und Komplexität anzupassen, die menschlicher Beobachtung vorausläuft.

Die Märkte würden nicht mehr reagieren.

Sie würden permanent antizipieren.

DIE GEFAHR DER ENTKOPPLUNG

Eine autonome Wirtschaft birgt jedoch ein fundamentales Risiko.

Märkte existieren nicht um ihrer selbst willen.

Sie sollen letztlich menschlichen Bedürfnissen dienen.

Wenn Optimierungssysteme ausschließlich interne Effizienzkriterien verfolgen, kann eine Entkopplung entstehen.

Das System funktioniert technisch perfekt.

Doch seine Ergebnisse werden gesellschaftlich problematisch.

Kapital fließt dorthin, wo Modelle Vorteile erkennen.

Nicht unbedingt dorthin, wo Menschen Bedürfnisse haben.

Hier erscheint erneut das Motiv des algorithmischen Wirtschaftskolonialismus, das bereits im Eingangstext angedeutet wurde.

DIE NEUE FRAGE DER VERANTWORTUNG

Traditionelle Rechtsordnungen basieren auf Verantwortlichkeit.

Wer eine Entscheidung trifft, kann zur Rechenschaft gezogen werden.

Doch wer trägt Verantwortung für ein emergentes Netzwerk autonomer Systeme?

- Der Programmierer?
- Der Betreiber?
- Der Investor?
- Das Protokoll?
- Niemand?

Diese Frage besitzt bislang keine endgültige Antwort.

Sie könnte zu einer der wichtigsten juristischen Debatten des 21. Jahrhunderts werden.

DIE METAPHYSIK AUTONOMER MÄRKTE

Auf einer tieferen Ebene verändert sich unser Verständnis von Wirtschaft.

Die klassische Ökonomie betrachtete Märkte als menschliche Institutionen.

Autonome Märkte erscheinen zunehmend als eigenständige Informationsökosysteme.

Sie beobachten sich selbst.

Sie reagieren auf sich selbst.

Sie optimieren sich selbst.

Die Wirtschaft beginnt, Eigenschaften eines komplexen Organismus anzunehmen.

Nicht bewusst.

Aber selbstreferenziell.

DER PUNKT OHNE RÜCKKEHR

Jede technologische Revolution besitzt einen Moment, an dem sie unumkehrbar wird.

Die Industrialisierung erreichte ihn mit der Fabrik.

Die Digitalisierung mit dem Internet.

Die algorithmische Finanzwelt könnte ihn mit autonomen Märkten erreichen.

Ab diesem Punkt wäre menschliche Beteiligung nicht mehr Voraussetzung des Systems.

Sondern lediglich eine Randbedingung.

SCHLUSSBETRACHTUNG

Quantenverträge und autonome Märkte markieren die bislang weitreichendste Transformation ökonomischer Organisation.

Zum ersten Mal entsteht die Möglichkeit einer Wirtschaft, in der Regeln nicht nur festgelegt, sondern kontinuierlich von Maschinen ausgeführt, angepasst und optimiert werden.

Die Vision ist faszinierend.

Die Risiken sind erheblich.

Denn jede Automatisierung von Entscheidungen wirft dieselbe Frage auf:

> Wer bestimmt die Ziele, denen die Maschinen folgen?

Solange diese Frage unbeantwortet bleibt, bleibt auch die Zukunft autonomer Märkte offen.

TEIL V

DIE POST-HUMANE ÖKONOMIE

KAPITEL 13

DER ALGORITHMISCHE WIRTSCHAFTSKOLONIALISMUS

Wie Daten, Modelle und Kapital eine neue Geographie der Macht erschaffen

> *„Der Kolonialismus des 19. Jahrhunderts kontrollierte Territorien. Der Kolonialismus des 21. Jahrhunderts kontrolliert Wahrscheinlichkeiten.“*

EINE NEUE FORM DER EXPANSION

Wenn Menschen das Wort Kolonialismus hören, denken sie an:

- Imperien,
- Flotten,
- Handelskompanien,
- Besatzungen,
- Rohstoffausbeutung.

Sie denken an sichtbare Herrschaft.

An Flaggen auf fremden Küsten.

An Soldaten und Gouverneure.

Doch jede Epoche entwickelt ihre eigenen Formen der Expansion.

Die Macht des 21. Jahrhunderts bewegt sich selten durch Armeen.

Sie bewegt sich durch:

- Daten,
- Algorithmen,
- Kapitalströme,
- digitale Infrastrukturen,

- Plattformen.

Der neue Kolonialismus erobert keine Länder.

Er erobert Entscheidungsräume.

DIE GEOGRAPHIE DER ALTEN WELT

Historischer Kolonialismus beruhte auf einem einfachen Prinzip:

Kontrolle über Ressourcen.

Wer Zugang zu:

- Gold,
- Silber,
- Gewürzen,
- Öl,
- Handelswegen

kontrollierte, kontrollierte Wohlstand.

Macht war geografisch.

Sie hing von Territorien ab.

Deshalb wurden Karten zu Instrumenten der Herrschaft.

Imperien zeichneten Grenzen.

Und Grenzen bestimmten Reichtum.

DIE GEOGRAPHIE DER DATENWELT

Im Informationszeitalter verschiebt sich die Landkarte.

Die wertvollsten Ressourcen liegen nicht mehr primär unter der Erde.

Sie entstehen aus menschlichem Verhalten.

Jeder Klick.

Jede Bewegung.

Jeder Kauf.

Jede Suchanfrage.

Jede digitale Interaktion.

Diese Informationen werden zu Rohstoffen.

Nicht weil sie isoliert wertvoll wären.

Sondern weil sie in gigantischen Mengen Muster sichtbar machen.

Daten werden zum neuen Erz der digitalen Epoche.

DIE NEUE EXTRAKTION

Historische Imperien extrahierten Rohstoffe.

Moderne Plattformen extrahieren Informationen.

Der Mechanismus weist erstaunliche Parallelen auf.

Früher verließen Rohstoffe die Kolonie.

Heute verlassen Daten den Nutzer.

In beiden Fällen entsteht Wert durch Verarbeitung an einem anderen Ort.

Die eigentliche Wertschöpfung erfolgt nicht dort, wo die Ressource entsteht.

Sondern dort, wo sie analysiert, kombiniert und monetarisiert wird.

DIE UNSICHTBARE ROHSTOFFWIRTSCHAFT

Die meisten Menschen erkennen nicht, dass sie täglich Daten produzieren.

Sie erleben:

- Kommunikation,
- Unterhaltung,
- Navigation,
- Konsum.

Im Hintergrund entstehen jedoch gigantische Datensätze.

Diese Datensätze ermöglichen:

- Verhaltensprognosen,
- Risikomodelle,
- Marktanalysen,
- KI-Training,
- politische Einflussnahme.

Der Rohstoff wird freiwillig geliefert.

Oft ohne bewusste Wahrnehmung seines Wertes.

DIE GEBURT DER MODELLIMPERIEN

Historische Imperien kontrollierten Territorien.

Die neuen Imperien kontrollieren Modelle.

Ein Modell besitzt eine außergewöhnliche Eigenschaft.

Es kann auf Millionen oder Milliarden Menschen angewendet werden.

Ein erfolgreicher Algorithmus skaliert nahezu unbegrenzt.

Dadurch entsteht eine Machtform, die geografische Grenzen überschreitet.

Das Modell reist.

Die Infrastruktur bleibt.

Die Wirkung globalisiert sich.

DIE FINANZMÄRKTE ALS VERSTÄRKER

Nirgendwo wird dieser Mechanismus deutlicher als im globalen Finanzsystem.

Moderne Kapitalströme folgen zunehmend algorithmischen Bewertungen.

Modelle analysieren:

- Stabilität,
- Risiko,
- Wachstum,
- Liquidität,
- geopolitische Signale.

Anschließend bewegen sich Investitionen.

Nicht aufgrund persönlicher Beziehungen.

Nicht aufgrund kultureller Nähe.

Sondern aufgrund mathematischer Attraktivität.

WENN MODELLE LÄNDER BEWERTEN

Hier beginnt die eigentliche Transformation.

Ein Staat wird zunehmend nicht mehr primär als politische Gemeinschaft betrachtet.

Sondern als Datensatz.

Als Bündel von Variablen.

Zum Beispiel:

- Inflationsraten,
- Verschuldung,
- Demografie,
- Energiepreise,
- politische Stabilität.

Aus diesen Variablen entstehen Bewertungen.

Aus Bewertungen entstehen Kapitalströme.

Und aus Kapitalströmen entstehen reale wirtschaftliche Konsequenzen.

DIE MACHT DER RISIKOMODELLE

Risiko erscheint als objektive Kategorie.

Tatsächlich handelt es sich um eine Interpretation.

Jedes Risikomodell enthält Annahmen.

Diese Annahmen beeinflussen:

- Investitionen,
- Kreditvergaben,
- Zinssätze,
- Kapitalzugänge.

Ein Land kann wirtschaftlich gesund erscheinen.

Wenn Modelle jedoch Risiken erkennen, fließt Kapital ab.

Das Modell wird selbst zum geopolitischen Akteur.

DIE NEUE PERIPHERIE

Im klassischen Kolonialismus existierten Zentren und Peripherien.

Rohstoffe wanderten von der Peripherie ins Zentrum.

Wertschöpfung konzentrierte sich im Zentrum.

Im digitalen Zeitalter entsteht ein ähnliches Muster.

Daten entstehen überall.

Doch ihre Verarbeitung konzentriert sich in wenigen Regionen.

Dort befinden sich:

- Rechenzentren,
- Forschungslabore,
- Finanzzentren,
- KI-Infrastrukturen.

Die digitale Peripherie liefert Rohmaterial.

Die digitalen Zentren erzeugen Wert.

DER ALGORITHMUS ALS GOUVERNEUR

Der historische Gouverneur repräsentierte das Imperium vor Ort.

Der Algorithmus übernimmt heute eine vergleichbare Funktion.

Er entscheidet:

- welche Inhalte sichtbar werden,
- welche Unternehmen finanziert werden,

- welche Märkte attraktiv erscheinen,
- welche Risiken akzeptabel wirken.

Diese Entscheidungen erfolgen nicht politisch.

Doch ihre Auswirkungen sind politisch.

Der Algorithmus verwaltet Aufmerksamkeit, Kapital und Sichtbarkeit.

DIE ENTSTEHUNG ASYMMETRISCHER REALITÄT

Ein zentrales Merkmal algorithmischer Systeme ist ihre Asymmetrie.

Die Bewerteten sehen die Modelle meist nicht.

Die Modellierer sehen die Bewerteten sehr genau.

Dies erzeugt ein Machtgefälle.

Historisch besaß der Kolonialverwalter Karten, Vermessungen und Statistiken.

Die lokale Bevölkerung verfügte selten über dieselben Informationen.

Heute entsteht eine ähnliche Informationsasymmetrie.

Die Plattform kennt den Nutzer besser als der Nutzer die Plattform.

DIE HERRSCHAFT DER KORRELATION

Ein weiteres Merkmal des algorithmischen Wirtschaftskolonialismus besteht darin, dass Entscheidungen zunehmend auf Korrelationen beruhen.

Nicht auf kulturellem Verständnis.

Nicht auf historischen Zusammenhängen.

Nicht auf menschlicher Erfahrung.

Sondern auf Mustern.

Ein Modell fragt nicht:

> Warum existiert dieses Problem?

Es fragt:

> Welche Variablen korrelieren mit diesem Problem?

Diese Verschiebung verändert die Logik wirtschaftlicher Entscheidungen.

KAPITAL ALS AUTONOMER STROM

In den frühen Kapiteln dieses Buches begegneten wir der Vorstellung autonomer Märkte.

Hier zeigt sich ihre geopolitische Konsequenz.

Kapital beginnt, sich wie ein intelligenter Strom zu verhalten.

Es sucht:

- Effizienz,
- Rendite,
- Stabilität,
- Musterqualität.

Es bewegt sich nicht aufgrund moralischer Kriterien.

Es folgt algorithmischer Logik.

Dadurch entstehen Gewinner und Verlierer, ohne dass ein einzelner Akteur dies bewusst beabsichtigt.

DIE NEUE FORM DER ABHÄNGIGKEIT

Historische Kolonien wurden von äußeren Mächten abhängig.

Die digitale Welt erzeugt neue Abhängigkeiten.

Von:

- Cloud-Infrastrukturen,
- Zahlungsnetzwerken,
- Plattformökonomien,
- KI-Systemen,
- Datenarchitekturen.

Diese Abhängigkeiten sind weniger sichtbar als militärische Kontrolle.

Doch sie können ähnlich tiefgreifend sein.

DIE ILLUSION DER NEUTRALITÄT

Befürworter algorithmischer Systeme betonen häufig deren Neutralität.

Der Algorithmus diskriminiere nicht.

Er rechne lediglich.

Doch Modelle sind niemals vollständig neutral.

Sie spiegeln:

- Daten,
- Ziele,
- Gewichtungen,
- Annahmen.

Jede dieser Entscheidungen besitzt politische und wirtschaftliche Folgen.

Die Neutralität der Maschine kann daher leicht zur Unsichtbarkeit von Macht werden.

DER NEUE EXTRAKTIVISMUS

Historische Imperien extrahierten Rohstoffe.

Der algorithmische Wirtschaftskolonialismus extrahiert etwas anderes:

Verhalten.

Aufmerksamkeit.

Vorhersagbarkeit.

Der eigentliche Rohstoff ist nicht mehr Materie.

Es ist menschliche Zukunft.

Denn jedes Modell versucht letztlich, zukünftiges Verhalten berechenbar zu machen.

DIE GEGENBEWEGUNGEN

Wie jede Machtstruktur erzeugt auch diese neue Ordnung Widerstand.

Weltweit entstehen Forderungen nach:

- Datensouveränität,
- algorithmischer Transparenz,
- digitaler Selbstbestimmung,
- lokaler Infrastruktur,
- öffentlicher KI-Forschung.

Diese Bewegungen verstehen, dass die entscheidenden Konflikte der Zukunft weniger um Territorien als um Informationsräume geführt werden.

DIE TIEFERE BEDEUTUNG

Der Begriff „algorithmischer Wirtschaftskolonialismus“ sollte nicht als einfache Anklage verstanden werden.

Er beschreibt eine Struktur.

Eine Dynamik.

Eine Verschiebung von Macht.

Die zentrale Frage lautet nicht, ob einzelne Akteure böse Absichten verfolgen.

Die zentrale Frage lautet:

Welche Folgen entstehen, wenn globale Systeme Kapital und Aufmerksamkeit nach Kriterien organisieren, die nur wenige verstehen und kontrollieren?

S C H L U S S B E T R A C H T U N G

Der Kolonialismus des Industriezeitalters kontrollierte Land.

Der algorithmische Wirtschaftskolonialismus kontrolliert Modelle.

Er besetzt keine Territorien.

Er besetzt Wahrscheinlichkeitsräume.

Er bestimmt nicht direkt, was geschieht.

Er beeinflusst, was wahrscheinlich geschieht.

Damit entsteht eine Machtform, die subtiler, globaler und oft unsichtbarer ist als ihre historischen Vorgänger.

Die großen Konflikte der Zukunft werden daher nicht nur um Ressourcen geführt werden.

Sondern um Daten.

Um Modelle.

Um Rechenleistung.

Und um die Frage, wer die Architektur der Wahrscheinlichkeit kontr

KAPITEL 14

DIE NEUE ARISTOKRATIE

Die Besitzer der Wahrscheinlichkeiten

> *„In jeder Epoche existiert eine Klasse, die nicht nur Reichtum besitzt, sondern die Regeln bestimmt, nach denen Reichtum entsteht. Die Aristokratie des Informationszeitalters besitzt keine Ländereien. Sie besitzt Modelle.“*

DAS ENDE DER ALTEN ELITEN?

Die Moderne glaubte lange an eine große Erzählung:

Dass technischer Fortschritt alte Hierarchien auflösen würde.

Demokratie sollte die Macht der Könige begrenzen.

Kapitalismus sollte die Macht des Adels ersetzen.

Bildung sollte Herkunft überwinden.

Digitalisierung sollte Wissen demokratisieren.

Und tatsächlich wurden viele traditionelle Machtstrukturen geschwächt.

Doch Geschichte kennt kein Machtvakuum.

Wenn eine Elite verschwindet, entsteht meist eine neue.

Die Frage lautet daher nicht:

> Gibt es Eliten?

Sondern:

> Wer bildet die Elite der jeweiligen Epoche?

DIE ARISTOKRATIE DES BODENS

Im Mittelalter beruhte Macht auf Land.

Land bedeutete:

- Nahrung,
- Steuern,
- Soldaten,
- politische Kontrolle.

Der Adel besaß nicht deshalb Macht, weil er klüger war.

Sondern weil er die wichtigste Ressource seiner Zeit kontrollierte.

Die aristokratische Ordnung war letztlich eine Infrastrukturordnung.

Wer Land kontrollierte, kontrollierte die Gesellschaft.

DIE ARISTOKRATIE DES KAPITALS

Mit der Industrialisierung verschob sich die Macht.

Fabriken wurden wichtiger als Felder.

Kapital wurde wichtiger als Boden.

Eine neue Elite entstand:

- Industrielle,
- Bankiers,
- Finanzdynastien,
- Unternehmer.

Sie kontrollierten die Produktionsmittel.

Der Besitz von Kapital ersetzte den Besitz von Land.

Die Logik blieb dieselbe.

Die zentrale Ressource bestimmt die herrschende Klasse.

DIE ARISTOKRATIE DER INFORMATION

Im Informationszeitalter verschiebt sich die Macht erneut.

Die entscheidende Ressource ist nicht mehr primär:

- Land,
- Fabriken,
- Maschinen.

Sondern:

- Daten,
- Modelle,
- Netzwerke,
- Rechenleistung,
- Aufmerksamkeit.

Wer diese Ressourcen kontrolliert, erhält einen strukturellen Vorteil.

Nicht nur wirtschaftlich.

Sondern gesellschaftlich und politisch.

DIE GEBURT DER MODELLBESITZER

In den vorherigen Kapiteln haben wir gesehen:

- Daten erzeugen Modelle.
- Modelle erzeugen Vorhersagen.
- Vorhersagen beeinflussen Entscheidungen.
- Entscheidungen verändern Realität.

Daraus folgt eine neue Machtkonzentration.

Die entscheidenden Akteure sind nicht mehr bloß Kapitalbesitzer.

Sie sind Besitzer von Vorhersagemaschinen.

Besitzer von Wahrscheinlichkeitsarchitekturen.

Besitzer algorithmischer Realität.

DIE NEUE FORM DES EIGENTUMS

Historisch war Eigentum sichtbar.

Ein Schloss.

Eine Mine.

Eine Fabrik.

Ein Grundstück.

Die neue Aristokratie besitzt oft immaterielle Vermögenswerte.

Zum Beispiel:

- Trainingsdaten,
- Algorithmen,
- Plattformen,
- KI-Modelle,
- Netzwerkeffekte.

Diese Güter besitzen eine außergewöhnliche Eigenschaft.

Sie werden wertvoller, je mehr Menschen sie nutzen.

Dadurch entstehen selbstverstärkende Machtstrukturen.

DIE MATHEMATIK DER KONZENTRATION

Der Reichtum der neuen Aristokratie wächst nicht linear.

Er wächst exponentiell.

Warum?

Weil digitale Systeme Skaleneffekte besitzen.

Ein Modell kann:

- hundert Menschen bedienen,
- tausend Menschen bedienen,
- eine Milliarde Menschen bedienen.

Die Kosten steigen nur begrenzt.

Die Wirkung wächst enorm.

Dadurch entsteht eine Konzentration, die frühere Wirtschaftssysteme kaum kannten.

DIE EIGENTÜMER DER INFRASTRUKTUR

Eine der wichtigsten Einsichten dieses Buches lautet:

Macht liegt selten an der Oberfläche.

Sie liegt in der Infrastruktur.

Die neue Aristokratie kontrolliert häufig nicht den sichtbaren Markt.

Sie kontrolliert die Infrastruktur des Marktes.

Dazu gehören:

- Cloud-Systeme,
- KI-Plattformen,
- Zahlungsnetzwerke,
- Datenzentren,
- Chipproduktion,
- Handelsarchitekturen.

Wer Infrastruktur kontrolliert, kontrolliert Möglichkeiten.

DIE NEUE ERBLICHKEIT

Aristokratien zeichnen sich historisch durch Vererbung aus.

Privilegien werden weitergegeben.

Interessanterweise entsteht im digitalen Zeitalter eine ähnliche Dynamik.

Nicht durch Titel.

Nicht durch Adelspapiere.

Sondern durch Zugang.

Zugang zu:

- Bildung,
- Daten,
- Kapital,
- Netzwerken,
- Technologie.

Die Kinder der neuen Elite wachsen innerhalb eines Ökosystems auf, das ihnen strukturelle Vorteile verschafft.

Die Form verändert sich.

Die Funktion bleibt vertraut.

DIE WISSENSARISTOKRATIE

Die neue Elite besitzt nicht nur Vermögen.

Sie besitzt auch Wissen.

Oder genauer:

Sie besitzt Zugang zu Wissenssystemen.

Die wichtigsten Ressourcen des 21. Jahrhunderts sind hochkomplex.

Nur wenige Menschen verstehen:

- KI-Architekturen,
- Quantenoptimierung,
- Finanzmodelle,
- globale Datennetze.

Dadurch entsteht eine Wissensasymmetrie.

Diese Asymmetrie wird zur Grundlage neuer Macht.

DIE NEUE LEGITIMATION

Jede Aristokratie benötigt eine Rechtfertigung.

Der Adel berief sich auf Geburt.

Die Industrieelite berief sich auf Unternehmergeist.

Die neue Aristokratie beruft sich auf Kompetenz.

Sie argumentiert:

> Wir kontrollieren diese Systeme, weil wir sie verstehen.

Diese Behauptung ist nicht völlig falsch.

Die Komplexität moderner Systeme erfordert Expertise.

Doch Expertise allein beantwortet nicht die Frage nach Legitimität.

DIE UNSICHTBARKEIT DES NEUEN ADELS

Historische Aristokraten waren sichtbar.

Sie lebten in Palästen.

Trugen Titel.

Besetzten öffentliche Ämter.

Die neue Aristokratie ist schwerer zu erkennen.

Ihre Macht wirkt über:

- Eigentumsstrukturen,
- Beteiligungen,

- Plattformen,
- Datenflüsse,
- Modellarchitekturen.

Oft bleibt sie im Hintergrund.

Gerade deshalb wird sie selten als Aristokratie wahrgenommen.

DER AUFSTIEG DER TECHNOFEUDALEN ORDNUNG

Einige politische Denker verwenden heute den Begriff „Technofeudalismus".

Gemeint ist die Vorstellung, dass digitale Plattformen ähnliche Funktionen übernehmen wie einst feudale Herrschaften.

Die Analogie ist nicht perfekt.

Dennoch verweist sie auf etwas Wichtiges.

Viele Menschen bewegen sich innerhalb digitaler Territorien, die ihnen nicht gehören.

Sie arbeiten.

Kommunizieren.

Handeln.

Konsumieren.

Doch die Infrastruktur gehört anderen.

DIE FINANZARISTOKRATIE DER ZUKUNFT

Besonders deutlich wird diese Entwicklung in der Hochfinanz.

Wer künftig verfügt über:

- Quantenoptimierung,
- KI-gestützte Prognosen,
- globale Datenquellen,
- autonome Handelssysteme,

besitzt einen strukturellen Vorsprung.

Dieser Vorsprung erzeugt:

- höhere Gewinne,
- bessere Daten,
- bessere Modelle,
- noch höhere Gewinne.

Ein Kreislauf entsteht.

Die Aristokratie reproduziert sich selbst.

DIE GEFAHR DER GESCHLOSSENEN ELITE

Jede Elite steht vor derselben Versuchung.

Sich abzuschotten.

Ihre Vorteile zu sichern.

Zugänge zu begrenzen.

Wettbewerb zu reduzieren.

Wenn die neue Aristokratie beginnt, Wissen, Infrastruktur und Kapital gleichzeitig zu kontrollieren, entsteht ein Risiko.

Nicht notwendigerweise Tyrannei.

Sondern Erstarrung.

Gesellschaftliche Dynamik hängt davon ab, dass neue Akteure aufsteigen können.

DIE GEGENKRÄFTE

Geschichte verläuft niemals einseitig.

Auf jede Machtkonzentration folgen Gegenbewegungen.

Im digitalen Zeitalter könnten diese entstehen durch:

- Open-Source-Initiativen,
- öffentliche Forschung,
- dezentrale Netzwerke,
- algorithmische Transparenz,
- digitale Grundrechte.

Diese Kräfte versuchen, die Infrastruktur der Zukunft breiter zugänglich zu machen.

DIE EIGENTLICHE FRAGE

Die Existenz einer Elite ist historisch nichts Neues.

Neu ist die Natur ihrer Macht.

Die neue Aristokratie kontrolliert nicht primär Menschen.

Sie kontrolliert:

- Informationsströme,
- Modelle,
- Wahrscheinlichkeiten,
- Aufmerksamkeit,
- digitale Infrastruktur.

Damit kontrolliert sie die Bedingungen, unter denen Entscheidungen entstehen.

Die Aristokratie des 21. Jahrhunderts trägt keine Kronen.

Sie besitzt keine Wappen.

Sie regiert selten durch direkte Befehle.

Ihre Macht liegt tiefer.

Sie besitzt die Systeme, die bestimmen, was sichtbar wird.

Sie besitzt die Modelle, die Risiken bewerten.

Sie besitzt die Infrastruktur, auf der Märkte, Kommunikation und Wissen beruhen.

Sie ist keine Rückkehr des alten Adels.

Sie ist seine algorithmische Mutation.

Eine Aristokratie der Daten.

Eine Aristokratie der Modelle.

Eine Aristokratie der Wahrscheinlichkeit.

KAPITEL 15

DIE FRAGILITÄT DER PERFEKTEN MASCHINE

Warum die mächtigsten Systeme der Geschichte zugleich die verletzlichsten sein könnten

> *„Je perfekter ein System wird, desto weniger Raum besitzt es für Überraschungen. Und genau dort wartet die Katastrophe.“*

DER TRAUM VON DER PERFEKTEN ORDNUNG

Seit Beginn der Zivilisation verfolgt der Mensch einen uralten Traum.

Die Schaffung einer perfekten Ordnung.

Eine Ordnung ohne:

- Chaos,
- Unsicherheit,
- Fehler,
- Verschwendung,
- Krisen.

Die Priester wollten die Götter besänftigen.

Die Könige wollten stabile Reiche.

Die Bürokratien wollten berechenbare Verwaltung.

Die Ökonomen wollten effiziente Märkte.

Die Informatiker wollen optimale Systeme.

Immer wieder erscheint dieselbe Vision:

Wenn wir genügend Wissen sammeln, können wir die Welt beherrschen.

DIE VOLLENDUNG DES ALTEN TRAUMS

In der algorithmischen Epoche scheint dieser Traum greifbarer denn je.

Wir verfügen über:

- globale Datennetze,
- künstliche Intelligenz,
- Quantenoptimierung,
- autonome Märkte,

- Echtzeitanalysen.

Nie zuvor konnte eine Zivilisation sich selbst in einem solchen Ausmaß beobachten.

Nie zuvor konnte sie ihre Prozesse so präzise modellieren.

Nie zuvor konnte sie Entscheidungen so schnell treffen.

Und genau hier beginnt das Paradox.

WARUM PERFEKTE SYSTEME ZERBRECHEN

Komplexe Systeme scheitern selten an ihren Schwächen.

Sie scheitern oft an ihren Stärken.

Ein System wird optimiert.

Immer weiter.

Immer präziser.

Immer effizienter.

Bis jede Reserve verschwindet.

Bis jede Redundanz als Verschwendung erscheint.

Bis jede Verzögerung eliminiert wird.

Dann genügt ein kleiner Schock.

Und das System reagiert überproportional.

DIE LEKTION DER NATUR

Die Natur arbeitet nicht nach maximaler Effizienz.

Sie arbeitet nach Resilienz.

Wälder besitzen:

- Überlappungen,
- Redundanzen,
- Vielfalt,
- scheinbar ineffiziente Strukturen.

Diese Eigenschaften wirken verschwenderisch.

Doch sie sichern das Überleben.

Ein Wald übersteht Stürme, weil er nicht perfekt optimiert ist.

Er besitzt Spielraum.

DIE LOGIK DER MASCHINE

Algorithmen denken anders.

Sie suchen:

- Minimierung,
- Optimierung,
- Effizienz,
- Geschwindigkeit.

Was nicht benötigt wird, wird entfernt.

Was Kosten verursacht, wird reduziert.

Was langsam ist, wird beschleunigt.

Innerhalb enger Parameter erzeugt dies beeindruckende Ergebnisse.

Doch langfristig kann dieselbe Logik Fragilität erzeugen.

DIE FINANZWELT ALS WARNSIGNAL

Die moderne Finanzgeschichte liefert zahlreiche Beispiele.

Vor jeder großen Krise existierte eine verbreitete Überzeugung:

Das System sei stabiler geworden.

Vor 1987.

Vor 1998.

Vor 2008.

Vor zahlreichen Flash-Crashes.

Immer wieder glaubten Experten, Risiken besser verstanden zu haben.

Und immer wieder entstanden neue Risiken an unerwarteten Stellen.

Nicht trotz der Modelle.

Sondern teilweise wegen ihnen.

DIE ILLUSION DER KONTROLLE

Je mehr Daten verfügbar werden, desto stärker wächst die Illusion von Kontrolle.

Menschen beginnen zu glauben:

- Alles sei messbar.
- Alles sei modellierbar.
- Alles sei prognostizierbar.

Doch Modelle erzeugen nicht nur Wissen.

Sie erzeugen auch Selbstvertrauen.

Und übermäßiges Selbstvertrauen gehört zu den gefährlichsten Kräften komplexer Systeme.

DIE HOMOGENISIERUNG DES DENKENS

Eine der größten Gefahren algorithmischer Systeme besteht in ihrer Vereinheitlichung.

Wenn Millionen Marktteilnehmer dieselben Modelle nutzen,

sehen sie dieselben Signale.

Bewerten dieselben Risiken.

Treffen ähnliche Entscheidungen.

Kurzfristig entsteht Stabilität.

Langfristig entsteht Anfälligkeit.

Denn Vielfalt verschwindet.

DIE KATASTROPHE DER SYNCHRONISATION

Historische Märkte bestanden aus unterschiedlichen Akteuren.

Menschen reagierten unterschiedlich.

Mit unterschiedlicher Geschwindigkeit.

Mit unterschiedlichen Überzeugungen.

Moderne Systeme synchronisieren Verhalten.

Wenn viele Algorithmen gleichzeitig reagieren, entstehen Rückkopplungsschleifen.

Eine kleine Bewegung wird verstärkt.

Eine Verstärkung erzeugt weitere Reaktionen.

Ein Kreislauf entsteht.

Das Ergebnis können extreme Marktbewegungen sein.

DER QUANTEN-FLASH-CRASH

Im Eingangstext dieses Buches wurde die Möglichkeit sogenannter Quanten-Flash-Crashes beschrieben.

Ob dieser Begriff künftig technisch etabliert wird oder nicht, verweist er auf eine reale Sorge.

Je komplexer und schneller Systeme werden,

desto kürzer wird die Zeit zwischen Ursache und Wirkung.

Menschliche Eingriffe werden zunehmend unmöglich.

Der Markt reagiert schneller, als Menschen überhaupt erkennen können, was geschieht.

DIE TYRANNEI DER OPTIMIERUNG

Jede Optimierung besitzt ein Ziel.

Und genau darin liegt ihr Problem.

Denn die Welt verfolgt niemals nur ein Ziel.

Ein Finanzsystem muss zugleich:

- effizient,
- stabil,
- fair,
- innovativ,
- resilient

sein.

Optimiert man ausschließlich auf Effizienz,

werden andere Eigenschaften geschwächt.

Die perfekte Maschine kann daher ihre eigene Grundlage zerstören.

DER SCHWARZE SCHWAN

Der Essayist und Risikotheoretiker Nassim Nicholas Taleb prägte das Konzept des „Schwarzen Schwans".

Gemeint sind Ereignisse,

- die selten sind,
- schwer vorhersehbar erscheinen,
- enorme Auswirkungen besitzen.

Die größte Schwäche vieler Modelle besteht darin, dass sie auf bekannten Mustern beruhen.

Der Schwarze Schwan lebt jedoch außerhalb der bekannten Muster.

Genau dort endet die Macht der Vorhersage.

DIE RÜCKKEHR DES UNBEKANNTEN

Die algorithmische Epoche versucht, Unsicherheit zu reduzieren.

Doch Unsicherheit verschwindet nicht.

Sie verlagert sich.

Wenn bekannte Risiken besser kontrolliert werden,

treten unbekannte Risiken stärker hervor.

Die Geschichte komplexer Systeme zeigt:

Jede gelöste Unsicherheit erzeugt neue Unsicherheiten.

Die Grenze des Wissens verschiebt sich.

Sie verschwindet nicht.

DIE EMERGENZ ALS BLINDER FLECK

Die gefährlichsten Entwicklungen entstehen häufig nicht durch Fehler.

Sondern durch Interaktionen.

Ein einzelner Algorithmus kann vollkommen korrekt arbeiten.

Tausende korrekt arbeitende Algorithmen können dennoch gemeinsam Instabilität erzeugen.

Hier begegnen wir dem Prinzip der Emergenz.

Das Gesamtsystem entwickelt Eigenschaften,

die in keinem seiner Einzelteile enthalten waren.

Niemand hat sie geplant.

Niemand kontrolliert sie vollständig.

Und dennoch entstehen sie.

DIE VERWUNDBARKEIT DER INFRASTRUKTUR

Die neue Aristokratie kontrolliert:

- Daten,
- Modelle,
- Netzwerke,
- Rechenzentren.

Doch genau diese Konzentration erzeugt Verwundbarkeit.

Je zentraler ein System wird,

desto größer werden die Folgen seines Ausfalls.

Ein einzelner Knotenpunkt kann Auswirkungen auf:

- Märkte,
- Kommunikation,
- Lieferketten,
- Finanzsysteme

haben.

Die Stärke der Vernetzung wird zur Quelle neuer Risiken.

DIE MENSCHLICHE VARIABLE

In allen Zukunftsszenarien dieses Buches erscheint immer wieder dieselbe Grenze.

Der Mensch.

Menschen handeln nicht vollständig rational.

Sie überraschen.

Sie widersprechen Erwartungen.

Sie verändern Regeln.

Sie rebellieren.

Diese Eigenschaften erscheinen aus Sicht vieler Modelle als Störung.

Tatsächlich bilden sie oft die wichtigste Quelle gesellschaftlicher Anpassungsfähigkeit.

DIE ILLUSION DER UNFEHLBARKEIT

Jede Machtordnung entwickelt irgendwann den Glauben an ihre eigene Stabilität.

Imperien glaubten an ihre Ewigkeit.

Monarchien glaubten an ihre Legitimität.

Ideologien glaubten an ihre Wahrheit.

Auch algorithmische Systeme können dieser Versuchung erliegen.

Die Überzeugung:

> Das Modell weiß es besser.

Doch genau dort beginnt die Gefahr.

Nicht in der Technologie.

Sondern im Glauben an ihre Unfehlbarkeit.

DIE WEISHEIT DER UNVOLLKOMMENHEIT

Vielleicht liegt die wichtigste Lektion komplexer Systeme in einer überraschenden Erkenntnis:

Perfektion ist nicht immer ein Vorteil.

Manche Fehler sind nützlich.

Manche Umwege sind wertvoll.

Manche Ineffizienzen schaffen Resilienz.

Die Natur hat dies über Milliarden Jahre gelernt.

Die digitale Zivilisation beginnt erst, diese Lektion zu verstehen.

DIE PHILOSOPHISCHE KONSEQUENZ

Die größte Herausforderung des 21. Jahrhunderts besteht möglicherweise nicht darin, bessere Modelle zu bauen.

Sondern Grenzen zu akzeptieren.

Zu erkennen, dass:

- Wissen begrenzt bleibt,
- Vorhersagen unsicher bleiben,
- Systeme überraschbar bleiben.

Die Zukunft lässt sich beeinflussen.

Aber niemals vollständig besitzen.

SCHLUSSBETRACHTUNG

Die perfekte Maschine ist die große Verheißung der algorithmischen Epoche.

Ein System,

das alles sieht,

alles berechnet,

alles optimiert.

Doch gerade diese Vision enthält ihren eigenen Widerspruch.

Denn je umfassender die Optimierung,

desto größer die Gefahr,

dass das System seine Fähigkeit verliert, mit dem Unerwarteten umzugehen.

Die Zukunft gehört daher vermutlich nicht den perfektesten Systemen.

Sondern den widerstandsfähigsten.

Nicht den schnellsten.

Sondern den anpassungsfähigsten.

Nicht den allwissenden Maschinen.

Sondern jenen Gesellschaften, die gelernt haben, mit Unsicherheit zu leben.

TEIL V

DIE POST-HUMANE ÖKONOMIE

KAPITEL 16

DIE GROßE ENTKOPPLUNG

Wenn Märkte, Maschinen und Menschen nicht länger derselben Realität folgen

> *„Die größte Revolution geschieht nicht, wenn Maschinen intelligenter werden. Sie geschieht, wenn ihre Logik beginnt, sich von der menschlichen Logik zu lösen.“*

Jede Zivilisation beruht auf einer grundlegenden Annahme:

Dass ihre zentralen Institutionen letztlich den Bedürfnissen der Menschen dienen.

Märkte existieren, um Güter zu verteilen.

Banken existieren, um Kapital bereitzustellen.

Regierungen existieren, um Gesellschaften zu organisieren.

Technologien existieren, um menschliche Fähigkeiten zu erweitern.

Doch was geschieht, wenn diese Verbindung schwächer wird?

Wenn Systeme weiterhin funktionieren –

aber immer weniger nachvollziehbar ist, wem sie eigentlich dienen?

Hier beginnt die große Entkopplung.

DIE HISTORISCHE EINHEIT

Über Jahrtausende waren Wirtschaft und Gesellschaft eng miteinander verbunden.

Ein Bauer produzierte Nahrung.

Ein Handwerker fertigte Werkzeuge.

Ein Händler vermittelte Güter.

Der Zusammenhang zwischen Arbeit, Wert und Wohlstand war sichtbar.

Nicht immer gerecht.

Nicht immer effizient.

Aber grundsätzlich verständlich.

Menschen konnten erkennen, wie wirtschaftliche Aktivität mit ihrem Leben verbunden war.

DIE ERSTE ENTKOPPLUNG: DAS FINANZKAPITAL

Mit der Industrialisierung begann die erste große Distanzierung.

Kapital wurde zunehmend abstrakt.

Aktien.

Anleihen.

Derivate.

Finanzprodukte.

Wohlstand war nicht mehr ausschließlich an physische Produktion gebunden.

Die Finanzwelt entwickelte ihre eigene Dynamik.

Dennoch blieb sie letztlich mit der Realwirtschaft verbunden.

Fabriken produzierten weiterhin reale Güter.

DIE ZWEITE ENTKOPPLUNG: DIE DIGITALISIERUNG

Die digitale Revolution beschleunigte diesen Prozess.

Wert entstand zunehmend durch:

- Software,
- Netzwerke,
- Daten,
- Plattformen,
- Aufmerksamkeit.

Ein Unternehmen konnte Milliarden wert sein, ohne große physische Vermögenswerte zu besitzen.

Die Verbindung zwischen materieller Produktion und Marktbewertung wurde schwächer.

Der Markt begann, Erwartungen höher zu bewerten als gegenwärtige Realität.

DIE DRITTE ENTKOPPLUNG: DIE ALGORITHMISIERUNG

Mit dem Aufstieg algorithmischer Systeme entsteht eine neue Stufe.

Maschinen handeln nicht aufgrund menschlicher Narrative.

Sie handeln aufgrund von:

- Mustern,
- Wahrscheinlichkeiten,
- Korrelationen,
- Optimierungsfunktionen.

Für einen Algorithmus besitzt eine Geschichte keine Bedeutung.

Eine Nation keine Identität.

Eine Tradition keinen intrinsischen Wert.

Es existieren lediglich Datenpunkte.

Die Sprache der Märkte beginnt sich von der Sprache der Menschen zu lösen.

ZWEI WIRKLICHKEITEN ENTSTEHEN

Die moderne Welt entwickelt zunehmend zwei parallele Realitäten.

Die menschliche Realität

Sie besteht aus:

- Erfahrungen,
- Hoffnungen,
- Ängsten,
- Identitäten,
- kulturellen Bedeutungen.

Die algorithmische Realität

Sie besteht aus:

- Datensätzen,
- Wahrscheinlichkeiten,
- Optimierungsfunktionen,
- Modellen,
- Korrelationen.

Lange Zeit überlappten beide Welten.

Heute driften sie auseinander.

DER MARKT VERSTEHT KEINE GESCHICHTEN

Menschen denken in Geschichten.

Maschinen denken in Mustern.

Eine Gesellschaft erzählt sich:

> Wir investieren in unsere Zukunft.

Ein Modell registriert:

> Renditeerwartung: 3,7 %.

Ein Land beschreibt sich als kulturelle Gemeinschaft.

Ein Algorithmus bewertet:

> Risikoprofil erhöht.

Hier entsteht eine fundamentale Differenz.

Die Maschine reduziert Bedeutung auf Berechenbarkeit.

DIE ENTKOPPLUNG DES KAPITALS

Kapital bewegt sich heute mit einer Geschwindigkeit und Flexibilität, die historische Gesellschaften nie kannten.

Es kann innerhalb von Sekunden:

- Märkte verlassen,
- Währungen wechseln,
- Risiken umverteilen,
- Kontinente überspringen.

Menschen hingegen bleiben:

- lokal,
- kulturell eingebettet,
- institutionell gebunden.

Kapital wird global.

Menschen bleiben physisch.

Die Interessen beider beginnen auseinanderzulaufen.

DIE ENTKOPPLUNG DER ARBEIT

Eine weitere Dimension zeigt sich in der Arbeitswelt.

Traditionell entstand Einkommen durch Beteiligung an der Wertschöpfung.

Die digitale Ökonomie verändert diese Beziehung.

Immer größere Werte entstehen durch:

- Automatisierung,
- Skalierung,
- Plattformeffekte,
- KI-Systeme.

Produktivität wächst.

Doch nicht zwangsläufig die gesellschaftliche Teilhabe.

Wohlstand und Arbeit entfernen sich voneinander.

DIE ENTKOPPLUNG DER INFORMATION

In früheren Gesellschaften war Information knapp.

Heute ist sie überreichlich vorhanden.

Paradoxerweise entsteht daraus keine gemeinsame Realität.

Sondern viele parallele Realitäten.

Algorithmen personalisieren Informationen.

Jeder sieht eine andere Welt.

Jeder erhält andere Signale.

Dadurch wird kollektive Verständigung schwieriger.

Die Gesellschaft verliert ihre gemeinsame Informationsbasis.

DIE ENTKOPPLUNG DER VERANTWORTUNG

Historische Entscheidungen hatten erkennbare Urheber.

Ein König entschied.

Ein Parlament beschloss.

Ein Vorstand genehmigte.

Algorithmische Systeme verwischen diese Zuordnung.

Entscheidungen entstehen aus:

- Modellen,
- Datensätzen,
- Optimierungsprozessen,

- Netzwerken.

Verantwortung wird diffus.

Die Handlung bleibt sichtbar.

Der Handelnde verschwindet.

DIE ENTKOPPLUNG DER DEMOKRATIE

Demokratie basiert auf einem einfachen Prinzip:

Menschen sollen Einfluss auf die Kräfte besitzen, die ihr Leben bestimmen.

Doch viele entscheidende Systeme liegen zunehmend außerhalb klassischer demokratischer Kontrolle.

Beispielsweise:

- globale Kapitalströme,
- Plattformarchitekturen,
- KI-Modelle,
- Finanzalgorithmen.

Die politische Sphäre verliert Einfluss auf Prozesse, die tief in die Gesellschaft eingreifen.

Dies erzeugt Spannungen.

DIE ENTKOPPLUNG DER ZEIT

Menschen leben in biologischer Zeit.

Märkte leben in algorithmischer Zeit.

Ein Mensch denkt in:

- Tagen,
- Monaten,
- Jahren.

Ein Algorithmus operiert in:

- Millisekunden,
- Mikrosekunden,
- Nanosekunden.

Die Zeiträume beginnen sich zu unterscheiden.

Was für Menschen Gegenwart ist, erscheint Maschinen bereits als Vergangenheit.

DIE ENTKOPPLUNG DES WISSENS

Moderne Systeme werden immer komplexer.

Nur wenige Spezialisten verstehen ihre Architektur.

Damit entsteht ein neues Gefälle.

Die Mehrheit nutzt Systeme.

Eine Minderheit versteht sie.

Diese Wissensasymmetrie erinnert an frühere Epochen:

- Priester verstanden Rituale.
- Gelehrte verstanden Schriften.
- Experten verstehen Algorithmen.

Die Wissensordnung wird erneut hierarchisch.

DIE PSYCHOLOGISCHE KONSEQUENZ

Viele Menschen spüren die große Entkopplung intuitiv.

Sie erleben:

- wirtschaftliche Unsicherheit,
- institutionelles Misstrauen,
- technologische Überforderung.

Oft fehlt jedoch die Sprache, um diese Erfahrungen zu beschreiben.

Das Gefühl lautet:

> Die Welt wird von Kräften bewegt, die ich weder sehe noch beeinflussen kann.

Genau dieses Gefühl bildet den emotionalen Kern der algorithmischen Esoterik.

DIE RÜCKKEHR DES MYTHOLOGISCHEN

Paradoxerweise führt extreme Rationalisierung häufig zu neuen Mythen.

Wenn Systeme zu komplex werden,

entstehen Erzählungen.

Verschwörungen.

Heilsversprechen.

Technologische Religionen.

Menschen suchen Bedeutung dort, wo Transparenz fehlt.

Die Black Box wird zur modernen Mysterienkammer.

DIE FRAGE NACH DER MENSCHLICHEN ROLLE

Die große Entkopplung stellt letztlich eine existenzielle Frage.

Welche Rolle spielt der Mensch in einer Ordnung, die zunehmend von Maschinen analysiert, optimiert und gesteuert wird?

Ist er:

- Nutzer?
- Eigentümer?
- Rohstofflieferant?
- Entscheidungsträger?
- Beobachter?

Die Antwort ist bislang offen.

DIE MÖGLICHKEIT DER WIEDERKOPPLUNG

Die Entkopplung ist kein Naturgesetz.

Sie ist das Ergebnis von Entscheidungen.

Gesellschaften können neue Verbindungen schaffen:

- demokratische Kontrolle,
- algorithmische Transparenz,
- öffentliche Forschung,
- digitale Bildung,
- institutionelle Reformen.

Die Frage ist nicht, ob Technologie existieren soll.

Die Frage ist, wie sie in menschliche Ziele eingebettet wird.

DIE TIEFERE BEDEUTUNG

Die große Entkopplung beschreibt nicht den Sieg der Maschine über den Menschen.

Sie beschreibt eine wachsende Distanz zwischen unterschiedlichen Logiken.

Zwischen:

- Bedeutung und Berechnung,
- Kultur und Optimierung,
- Erfahrung und Daten,
- Mensch und Modell.

Je größer diese Distanz wird,

desto größer wird die Herausforderung für moderne Gesellschaften.

Die algorithmische Revolution verändert nicht nur Märkte.

Sie verändert die Beziehung zwischen Mensch und Wirklichkeit.

Zum ersten Mal entsteht die Möglichkeit, dass die wichtigsten Systeme unserer Zivilisation nach Regeln operieren, die zwar effektiv, aber nicht mehr intuitiv verständlich sind.

Damit wird die zentrale politische Aufgabe des 21. Jahrhunderts sichtbar:

Nicht die Verhinderung technologischen Fortschritts.

Sondern die Wiederherstellung einer Verbindung zwischen menschlichen Werten und maschinischer Macht.

Denn eine Gesellschaft kann nur dauerhaft stabil bleiben, wenn ihre Menschen verstehen, warum die Welt funktioniert, wie sie funktioniert.

KAPITEL 17

DIE VERFASSUNG DER ALGORITHMEN

Wer Regeln schreibt, wenn Regeln selbst handeln

> *„Früher begrenzten Gesetze Menschen. Heute müssen Gesetze Systeme begrenzen, die schneller sind als jede Institution.“*

DER MOMENT, IN DEM RECHT NICHT MEHR REICHT

Rechtssysteme sind eine der ältesten Technologien der Menschheit.

Sie beruhen auf einer simplen Annahme:

Dass Handlungen nachvollziehbar sind.

Ein Gesetz beschreibt:

- was erlaubt ist,
- was verboten ist,
- was im Konfliktfall passiert.

Doch diese Struktur setzt etwas voraus:

Zeit.

Zeit für Interpretation.

Zeit für Verfahren.

Zeit für Widerspruch.

Algorithmische Systeme reduzieren genau diese Zeit.

Sie handeln in Millisekunden.

Sie reagieren in Echtzeit.

Und sie verändern Zustände, bevor ein juristischer Prozess überhaupt beginnen kann.

DIE KLASSISCHE VERFASSUNG DER WELT

Die moderne Demokratie basiert auf Verfassungen.

Eine Verfassung ist kein Gesetz im engeren Sinn.

Sie ist ein Rahmen.

Sie definiert:

- Grundrechte,
- Machtbegrenzung,
- institutionelle Balance,
- Gewaltenteilung.

Sie ist langsam.

Absichtlich langsam.

Denn Stabilität entsteht durch Verzögerung.

DIE NEUE FRAGE: WAS IST EINE VERFASSUNG FÜR MASCHINEN?

Wenn Systeme beginnen, selbstständig zu handeln,

stellt sich eine neue Frage:

> Welche Regeln gelten für Akteure, die keine Menschen sind?

Ein Algorithmus kennt keine Moral.

Keine Intention.

Keine Verantwortung im klassischen Sinn.

Er optimiert.

Immer.

Ununterbrochen.

Ohne Pause.

DIE ENTSTEHUNG IMPLIZITER VERFASSUNGEN

In der heutigen digitalen Welt existieren bereits „unsichtbare Verfassungen“.

Sie sind nicht kodifiziert in einem einzigen Dokument.

Sie entstehen aus:

- Plattformregeln,
- API-Strukturen,
- Trainingsdaten,
- Sicherheitsprotokollen,
- regulatorischen Rahmenbedingungen,
- ökonomischen Anreizen.

Diese Elemente bestimmen gemeinsam, was Systeme dürfen und was sie effektiv tun werden.

Doch niemand hat sie als Ganzes entworfen.

CODE ALS RECHT

Ein zentraler Wandel der letzten Jahrzehnte lautet:

Code ersetzt zunehmend Regelwerke.

Wenn ein Smart Contract ausgeführt wird, gilt nicht:

„Das Gericht entscheidet später."

Sondern:

„Der Code entscheidet sofort."

Damit verschiebt sich Recht von:

Interpretation → Ausführung

Ein einmal implementierter Algorithmus ist nicht nur Vorschlag.

Er ist Handlung.

DIE UNUMKEHRBARKEIT DIGITALER REGELN

Ein klassisches Gesetz kann geändert werden.

Ein Gericht kann es auslegen.

Ein Parlament kann es reformieren.

Ein algorithmisches System ist oft schwieriger zu ändern.

Warum?

- Systeme sind vernetzt.
- Änderungen haben Kaskadeneffekte.
- Updates erfordern Koordination.
- Fehler können globale Auswirkungen haben.

So entsteht eine neue Form institutioneller Trägheit.

Nicht durch Bürokratie.

Sondern durch technische Komplexität.

DIE VERFASSUNG DER PLATTFORMEN

Große digitale Plattformen besitzen bereits heute verfassungsähnliche Strukturen.

Sie definieren:

- Sichtbarkeit (Ranking-Algorithmen),
- Teilnahmebedingungen (Nutzungsregeln),
- ökonomische Teilnahme (Monetarisierung),
- Sanktionen (Deplatforming, Sperren).

Diese Regeln wirken wie Gesetze.

Doch sie werden privat entworfen.

Und jederzeit geändert.

DIE ALGORITHMISCHE GEWALTENTEILUNG

In klassischen Demokratien existiert Gewaltenteilung:

- Legislative (Gesetze),
- Exekutive (Ausführung),
- Judikative (Auslegung).

In algorithmischen Systemen verschwimmen diese Funktionen.

Ein System kann gleichzeitig:

- Regeln definieren (durch Optimierung),
- sie anwenden (durch Ausführung),
- und sie „interpretieren“ (durch Modellanpassung).

Die Trennung der Gewalten wird technisch unscharf.

DIE NOTWENDIGKEIT NEUER KONTROLLINSTANZEN

Wenn Systeme autonomer werden,

entsteht eine neue Kategorie von Institutionen:

- Algorithmische Aufsichtsbehörden,
- Modell-Auditoren,
- Datenethikräte,
- KI-Compliance-Systeme.

Ihre Aufgabe wäre nicht nur Kontrolle.

Sondern Übersetzung:

Zwischen menschlicher Norm und maschinischer Logik.

DIE IDEE EINER ALGORITHMISCHEN VERFASSUNG

Eine mögliche Antwort auf die entstehende Komplexität ist die Idee einer „Verfassung der Algorithmen“.

Sie wäre kein einzelnes Dokument.

Sondern ein System von Prinzipien wie:

- Transparenzpflichten für kritische Modelle,

- Nachvollziehbarkeit von Entscheidungen,
- Begrenzung von Optimierungszielen,
- Verpflichtung zur menschlichen Interventionsmöglichkeit,
- Dokumentation von Trainingsdatenquellen,
- Prüfmechanismen für systemische Risiken.

Doch diese Prinzipien müssen technisch umgesetzt werden.

Nicht nur juristisch formuliert.

DAS PROBLEM DER ÜBERSETZUNG

Recht ist sprachlich.

Algorithmen sind mathematisch.

Zwischen beiden liegt eine Lücke.

Wenn ein Gesetz sagt:

> „Diskriminierung ist verboten."

muss ein System definieren:

- Was ist Diskriminierung in Daten?
- Wie wird sie gemessen?
- Welche Schwellenwerte gelten?
- Welche Variablen sind relevant?

Jede Übersetzung verändert den Inhalt.

Damit entsteht ein neues Machtfeld:

Die Interpretation von Normen in Code.

DIE UNSICHTBARE GESETZGEBUNG

In der algorithmischen Welt entstehen Regeln oft ohne demokratische Debatte.

Durch:

- technische Standards,
- Unternehmensentscheidungen,
- Modellarchitekturen,
- Marktanreize.

Diese Prozesse wirken neutral.

Sind es aber nicht.

Denn jede Architektur entscheidet implizit über:

- Zugang,
- Sichtbarkeit,
- Teilhabe,
- Risiko,
- Chancen.

DIE FRAGE DER LEGITIMITÄT

In klassischen Staaten gilt:

Gesetze sind legitim, wenn sie demokratisch beschlossen wurden.

Doch was legitimiert einen Algorithmus?

- Seine Effizienz?
- Seine Genauigkeit?
- Seine wirtschaftliche Wirkung?
- Seine technische Überlegenheit?

Oder müsste es neue Kriterien geben?

Diese Frage ist ungelöst.

Und sie wird zentral für die Zukunft politischer Systeme.

DIE GRENZEN DER KONTROLLE

Selbst wenn eine Verfassung für Algorithmen existieren würde,

bliebe ein Problem bestehen:

Komplexität.

Je komplexer Systeme werden,

desto schwieriger wird vollständige Kontrolle.

Selbst Entwickler verstehen oft nicht mehr alle emergenten Eigenschaften ihrer Modelle.

Die Verfassung trifft also auf ein bewegliches Ziel.

DIE GEFAHR DER PSEUDOKONTROLLE

Ein besonders riskantes Szenario entsteht, wenn Kontrolle nur simuliert wird.

Zum Beispiel:

- Audit-Berichte ohne Tiefe,
- Compliance als Formalität,
- Transparenz als Marketing,
- Ethik als PR-Instrument.

Dann entsteht eine Illusion von Sicherheit.

Während die tatsächliche Komplexität weiter wächst.

DIE GEOPOLITISCHE DIMENSION

Die Frage der algorithmischen Verfassung ist nicht nur technisch.

Sie ist geopolitisch.

Länder und Regionen konkurrieren um:

- KI-Infrastruktur,
- Datenzugang,
- Rechenleistung,
- Modellführerschaft.

Wer die Regeln der Systeme bestimmt,

bestimmt indirekt globale Machtverhältnisse.

DIE RÜCKKEHR DES SOUVERÄNITÄTSBEGRIFFS

Im Kern geht es um eine alte Frage:

Wer ist souverän?

Früher war es der König.

Dann der Staat.

Dann der Markt.

Heute stellt sich eine neue Möglichkeit:

Dass Souveränität teilweise in Systeme übergeht,

die weder eindeutig staatlich noch privat sind.

DIE VERFASSUNG ALS LEBENDES SYSTEM

Eine mögliche Zukunftsvision ist eine „dynamische Verfassung".

Sie wäre kein statisches Dokument,

sondern ein adaptives System:

- kontinuierlich überprüft,
- algorithmisch überwacht,
- menschlich korrigiert,
- institutionell eingebettet.

Sie würde versuchen,

die Geschwindigkeit der Maschinen

mit der Langsamkeit der Demokratie zu verbinden.

SCHLUSSBETRACHTUNG

Die Verfassung der Algorithmen ist keine juristische Randfrage.

Sie ist die zentrale politische Herausforderung einer Welt,

in der Entscheidungen zunehmend von nicht-menschlichen Systemen getroffen werden.

Die entscheidende Verschiebung lautet:

Nicht mehr nur Menschen benötigen Schutz vor Macht.

Sondern auch Menschen benötigen Schutz vor der Logik ihrer eigenen Systeme.

Denn jede Technologie,

die Entscheidungen trifft,

trägt bereits eine Form von Verfassung in sich.

Die Frage ist nur:

Wer hat sie geschrieben?

KAPITEL 18

JENSEITS DER ALGORITHMISCHEN ESOTERIK

Wenn die Maschinen nicht mehr mystisch wirken, sondern selbstverständlich werden

„Das Geheimnis verschwindet nicht, wenn wir es verstehen. Es verschwindet, wenn wir aufhören, es als Geheimnis zu behandeln.“

DAS ENDE DER ESOTERIK

Der Begriff „algorithmische Esoterik“ entstand in diesem Buch aus einer Beobachtung:

Je komplexer Systeme werden, desto mehr beginnen sie für Menschen wie etwas Mystisches zu wirken.

- Märkte bewegen sich ohne erkennbare Ursache.
- Kapital fließt scheinbar „intelligent“.
- Modelle entscheiden ohne erklärbare Logik.
- Systeme reagieren schneller als menschliche Wahrnehmung.

Was nicht verstanden wird, wird oft mythisch interpretiert.

Doch hier liegt ein entscheidender Wendepunkt:

Esoterik ist kein Zustand der Systeme.

Es ist ein Zustand der Wahrnehmung.

DIE ENTZAUBERUNG DER BLACK BOX

In den vorherigen Kapiteln erschien die Welt als zunehmend undurchsichtig:

- Quantenverträge
- autonome Märkte
- algorithmische Aristokratien
- entkoppelte Realitäten
- Verfassungen der Maschinen

All dies erzeugte den Eindruck einer „zweiten Realität“ hinter der sichtbaren Welt.

Doch diese zweite Realität ist nicht verborgen.

Sie ist nur verteilt.

KOMPLEXITÄT IST KEIN MYSTERIUM

Ein zentraler Irrtum moderner Wahrnehmung lautet:

„Komplex = geheimnisvoll."

Tatsächlich gilt:

Komplexität ist oft erklärbar – aber nicht intuitiv erfassbar.

Ein Wettermodell ist kein Mysterium.

Ein neuronales Netz ist kein Orakel.

Ein Finanzsystem ist kein bewusstes Wesen.

Sie sind:

- Systeme vieler Interaktionen
- Rückkopplungsschleifen
- statistische Prozesse
- optimierende Strukturen

Das Gefühl des Mystischen entsteht dort, wo menschliche Intuition endet.

Nicht dort, wo Wahrheit verborgen ist.

DIE DRITTE PHASE: NORMALISIERUNG DER KI

Jede technologische Revolution durchläuft drei Phasen:

1. Schock

„Das ist unverständlich."

2. Mythologisierung

„Das ist übermenschlich."

3. Normalisierung

„Das ist Infrastruktur."

Die Elektrizität war einst magisch.

Das Internet war einst revolutionär.

KI und algorithmische Finanzsysteme befinden sich derzeit zwischen Phase 2 und 3.

Dieses Buch hat bewusst die Phase der Mythologisierung sichtbar gemacht.

Nun beginnt ihre Auflösung.

Wenn Systeme vollständig integriert sind, verschwinden sie aus dem Bewusstsein.

Niemand denkt beim Einschalten eines Lichts an Stromnetze.

Niemand denkt beim Senden einer Nachricht an Routing-Protokolle.

Niemand denkt beim Handel an die Infrastruktur der Märkte.

So wird es auch mit algorithmischen Systemen geschehen.

Sie werden nicht verschwinden.

Sie werden unsichtbar werden.

Weil sie funktionieren.

DIE AUFLÖSUNG DER „UNSICHTBAREN KRÄFTE“

Der Eingangstext dieses Buches sprach von:

unsichtbaren Kräften, die globale Finanzströme lenken

Doch nach der Reise durch die Kapitel wird deutlich:

Diese Kräfte sind nicht unsichtbar, weil sie verborgen sind.

Sondern weil sie verteilt sind:

- in Datenzentren
- in Modellen
- in Marktstrukturen
- in regulatorischen Systemen
- in menschlichem Verhalten

Es gibt kein Zentrum der Steuerung.

Es gibt nur Netzwerke von Entscheidungen.

DAS ENDE DES „QUANTENMYTHOS"

Auch der Begriff „Quantenhandel" wirkte im Eingangstext wie ein Übergang ins Mystische.

Doch die Realität ist weniger metaphysisch:

- Quantencomputing ist experimentell
- viele „quanteninspirierte" Verfahren sind klassische Optimierungen

- die eigentliche Revolution liegt in Daten, Skalierung und Geschwindigkeit

Das scheinbar „Übernatürliche“ ist oft nur:

eine konventionelle Technologie in extremen Dimensionen.

DIE WAHRE TRANSFORMATION: GESCHWINDIGKEIT + SKALIERUNG

Die eigentliche Revolution der Finanz- und KI-Systeme ist nicht ihre Geheimnishaftigkeit.

Sondern:

- Geschwindigkeit
- Parallelität
- Datenvolumen
- Vernetzung

Wenn ein System schneller reagiert als menschliche Wahrnehmung,

erscheint es automatisch als „nicht mehr menschlich“.

Doch das ist eine epistemische Illusion.

DER MENSCH ALS INTERPRETATIONSMASCHINE

Menschen neigen dazu, Ursachen zu personalisieren.

Wenn etwas wirkt, fragen wir:

- Wer steckt dahinter?
- Wer steuert das?
- Wer profitiert?

Doch viele moderne Systeme haben keine zentrale Intention.

Sie entstehen aus:

- lokalen Optimierungen
- dezentralen Entscheidungen
- emergenten Effekten

Das Ergebnis wirkt intentional.

Ist es aber nicht notwendigerweise.

DIE ENTMYSTIFIZIERUNG DER MACHT

Ein zentrales Ergebnis dieses Buches lautet:

Die neue Macht ist nicht geheim.

Sie ist strukturell.

Sie besteht aus:

- Architekturentscheidungen
- Datenzugängen
- Modellparametern
- Infrastrukturkontrolle
- Rückkopplungsdynamiken

Wer diese Strukturen versteht, erkennt:

Es gibt keinen „verborgenen Controller".

Es gibt nur unterschiedliche Ebenen von Einfluss.

DIE NEUE KOMPETENZ: SYSTEMDENKEN

In einer Welt algorithmischer Systeme verschiebt sich die wichtigste Fähigkeit:

Nicht mehr Intuition über Einzelereignisse.

Sondern Verständnis von Systemen.

Wer die Welt verstehen will, muss lernen:

- Rückkopplungen zu erkennen
- Anreizsysteme zu analysieren
- Datenflüsse zu lesen

- Modellannahmen zu hinterfragen
- Skaleneffekte zu verstehen

Systemdenken ersetzt Mysterium.

DIE NEUE VERANTWORTUNG

Wenn Systeme erklärbar werden, verschwindet keine Verantwortung.

Im Gegenteil:

Sie wird konkreter.

Denn dann wird sichtbar:

- welche Entscheidungen getroffen wurden
- welche Parameter gewählt wurden
- welche Ziele optimiert werden
- welche Risiken akzeptiert wurden

Transparenz ist keine technische Frage.

Sie ist eine politische Entscheidung.

DIE LETZTE ILLUSION: KONTROLLE

Eine der zentralen Themen dieses Buches war die Frage nach Kontrolle.

Doch am Ende zeigt sich:

Kontrolle war nie absolut.

Weder in menschlichen Systemen.

Noch in algorithmischen.

Die Frage ist nicht:

> Wer kontrolliert alles?

Sondern:

> Wo sind Eingriffspunkte möglich?

DIE RÜCKKEHR DER BEGRENZUNG

Jede Epoche entdeckt irgendwann ihre eigenen Grenzen:

- Physik entdeckt Energiebegrenzung
- Ökonomie entdeckt Ressourcenknappheit
- Informatik entdeckt Komplexitätsgrenzen
- KI entdeckt Interpretationsgrenzen

Die algorithmische Epoche entdeckt:

Die Grenze der vollständigen Vorhersage

DIE ENTDRAMATISIERUNG DER ZUKUNFT

Wenn die algorithmische Esoterik verschwindet, bleibt kein leeres Feld zurück.

Sondern eine nüchternere Erkenntnis:

Die Zukunft wird nicht von einer verborgenen Macht geschrieben.

Sie entsteht aus:

- Interaktionen
- Entscheidungen
- Systemen
- Rückkopplungen
- Zufällen

Nicht weniger komplex.

Aber weniger mystisch.

„Jenseits der algorithmischen Esoterik“ bedeutet nicht das Ende der Systeme.

Es bedeutet das Ende ihrer mythischen Überhöhung.

Die Welt bleibt:

- schnell
- vernetzt
- datengetrieben
- algorithmisch geprägt

Aber sie wird verständlicher, sobald man aufhört, sie als Geheimnis zu betrachten.

Die eigentliche Erkenntnis dieses Buches lautet daher:

> **Die Zukunft ist nicht verborgen.**
> **Sie ist verteilt.**

EPILOG

DIE GEISTER, DIE WIR RIEFEN

Was bleibt, wenn die Systeme uns überholen – und wir sie trotzdem gebaut haben

> *„Der Mensch erschafft Werkzeuge, um die Welt zu ordnen. Und stellt irgendwann fest, dass er selbst Teil der Ordnung geworden ist.“*

DER LETZTE SCHATTEN DER ERZÄHLUNG

Jede große technologische Epoche hinterlässt eine ähnliche Spur:

Zuerst entsteht ein Werkzeug.
Dann eine Infrastruktur.
Dann ein System.
Dann eine Abhängigkeit.

Und irgendwann die leise Frage:

> Haben wir das noch unter Kontrolle – oder läuft es längst ohne uns weiter?

Die vorherigen Kapitel dieses Buches haben diese Entwicklung entfaltet:

- von Märkten, die denken
- über Modelle, die entscheiden
- bis zu Systemen, die Regeln erzeugen

Doch im Epilog wird die Perspektive verschoben.

Nicht mehr die Systeme stehen im Zentrum.

Sondern die Beziehung zwischen Mensch und System.

DIE METAPHER DER GEISTER

Der Ausdruck „die Geister, die wir riefen" ist keine Warnung im moralischen Sinn.

Er ist eine Beschreibung einer typischen Dynamik:

Menschen erschaffen Prozesse, die größer werden als ihre ursprüngliche Absicht.

- Feuer, das Wärme spenden sollte, wird zur Industrie
- Geld, das Tausch erleichtern sollte, wird zum globalen System

- Netzwerke, die Kommunikation verbessern sollten, werden zur Infrastruktur von Macht

Und jede dieser Entwicklungen bleibt zunächst kontrollierbar.

Bis sie es nicht mehr ist.

DER MOMENT DER IRREVERSIBILITÄT

Es gibt keinen klaren Punkt, an dem Kontrolle verloren geht.

Stattdessen gibt es Übergänge:

- kleine Automatisierungen
- dann Skalierung
- dann Vernetzung
- dann Beschleunigung
- dann Abhängigkeit

Und irgendwann wird das System nicht mehr „benutzt".

Es wird „vorausgesetzt".

Das ist der eigentliche Wendepunkt.

DIE NEUE ART VON MACHTLOSIGKEIT

Die klassische Vorstellung von Machtlosigkeit war einfach:

Man hatte keinen Zugriff auf Entscheidungen.

Die neue Form ist subtiler:

> Man ist Teil des Systems, das entscheidet.

Menschen:

- trainieren die Modelle
- erzeugen die Daten
- nutzen die Plattformen
- reagieren auf die Signale

Und glauben gleichzeitig, außerhalb zu stehen.

Doch das Außen existiert kaum noch.

DER KREISLAUF DER SELBSTVERSTÄRKUNG

Die Systeme, die in diesem Buch beschrieben wurden, folgen einem wiederkehrenden Muster:

1. Daten werden erzeugt
2. Modelle werden trainiert
3. Entscheidungen werden getroffen
4. Verhalten wird beeinflusst
5. neues Verhalten erzeugt neue Daten

Dieser Kreislauf ist nicht stabil im statischen Sinn.

Er ist dynamisch stabil.

Er passt sich ständig an.

Und genau darin liegt seine Stärke – und seine Unübersichtlichkeit.

DIE STILLE VERSCHIEBUNG DER VERANTWORTUNG

In klassischen Gesellschaften war Verantwortung lokalisiert.

Ein Akteur traf eine Entscheidung.

Er konnte zur Rechenschaft gezogen werden.

In algorithmischen Systemen wird Verantwortung verteilt:

- Entwickler
- Betreiber
- Nutzer
- Datenlieferanten

- Infrastruktur
- Marktlogik

Je komplexer das System, desto diffuser die Verantwortung.

Nicht weil sie verschwindet.

Sondern weil sie sich auflöst.

DIE NORMALITÄT DES UNVERSTÄNDLICHEN

Eine der tiefgreifendsten Veränderungen der Gegenwart ist nicht technologisch.

Sondern kulturell:

Menschen beginnen, Systeme zu benutzen, die sie nicht mehr vollständig verstehen.

Das ist kein Ausnahmezustand mehr.

Es ist Alltag.

- Smartphones
- Finanzmärkte
- KI-Systeme
- Empfehlungssysteme
- automatisierte Entscheidungen

Die Welt funktioniert – auch ohne vollständiges Verständnis.

Frühere Macht war sichtbar:

- Gebäude
- Institutionen
- Personen
- Symbole

Neue Macht ist funktional:

- Algorithmen
- Schnittstellen
- Datenflüsse
- Modelle

Sie hat kein Gesicht.

Kein Zentrum.

Keine klare Adresse.

Und genau deshalb wird sie oft unterschätzt.

DIE FRAGE NACH DER VERANTWORTUNG DES MENSCHEN

Trotz aller Automatisierung bleibt eine Tatsache bestehen:

Jedes dieser Systeme wurde von Menschen geschaffen.

Nicht im Sinne direkter Kontrolle.

Sondern im Sinne struktureller Gestaltung.

Menschen definierten:

- Ziele
- Optimierungsfunktionen
- Datenquellen
- Architekturentscheidungen

Die Geister sind also nicht fremd.

Sie sind menschlich erzeugt – und dann verselbstständigt.

DIE AMBIVALENZ DES FORTSCHRITTS

Technologischer Fortschritt ist nie eindeutig:

Er erhöht gleichzeitig:

- Freiheit und Abhängigkeit
- Effizienz und Fragilität
- Wissen und Überforderung
- Kontrolle und Komplexität

Die Systeme dieses Buches sind kein Fehler.

Sie sind Konsequenz.

DIE RÜCKKEHR DER FRAGE NACH DEM SINN

Wenn Systeme zunehmend selbstständig operieren,

verschiebt sich die zentrale Frage:

Nicht mehr nur:

Wie funktioniert das?

Sondern:

Wozu existiert es?

Denn ein System kann perfekt funktionieren

und trotzdem gesellschaftlich problematisch sein,

wenn sein Ziel nicht mehr mit menschlichen Werten übereinstimmt.

DIE LETZTE VERANTWORTUNG

Am Ende aller algorithmischen Strukturen bleibt eine einfache, unbequeme Wahrheit:

Es gibt keine „externen“ Systeme.

Nur Systeme, die Menschen gebaut haben – und weiterbauen.

Selbst wenn niemand mehr den Überblick besitzt,

bleibt die Verantwortung verteilt bei denen,

die die Architektur weiterhin verändern.

DIE MÖGLICHKEIT DER RÜCKGEWINNUNG

Die Geschichte ist nicht linear.

Jede komplexe Entwicklung enthält auch Gegenbewegungen:

- Regulierung
- Transparenzinitiativen
- Open-Source-Bewegungen
- demokratische Kontrolle
- technologische Bildung

Diese Kräfte sind nicht romantisch.

Sie sind strukturell notwendig.

Denn jede stabile Zivilisation braucht Rückkopplung mit ihrem eigenen System.

DIE EIGENTLICHE BEDEUTUNG DER „GEISTER“

Die Geister, die wir riefen, sind keine fremden Entitäten.

Sie sind:

- beschleunigte Prozesse
- skalierte Entscheidungen
- automatisierte Logiken
- vernetzte Systeme

Sie handeln nicht gegen uns.

Aber auch nicht automatisch für uns.

Sie folgen den Zielen, die wir ihnen eingeschrieben haben – oft indirekt, oft historisch gewachsen, oft unbewusst.

SCHLUSSBETRACHTUNG

Der Epilog dieses Buches ist kein Ende im klassischen Sinn.

Er ist eine Rückführung.

Zur Ausgangsfrage:

> Wer kontrolliert die unsichtbaren Kräfte, die globale Systeme formen?

Die Antwort ist weniger dramatisch als die Metaphern vermuten lassen – und zugleich anspruchsvoller:

Nicht eine Instanz kontrolliert sie.

Sondern viele Ebenen von Entscheidungen, die sich über Zeit zu Strukturen verdichten.

Die eigentliche Herausforderung liegt daher nicht im „Besiegen“ dieser Systeme.

Sondern im Verstehen, Gestalten und Begrenzen dessen, was wir selbst erschaffen haben.

Die Geister, die wir riefen, sind nicht gekommen, um uns zu ersetzen.
Sie sind gekommen, um uns zu zeigen, wie tief wir bereits in unseren eigenen Systemen leben.

Verweise auf Veröffentlichungen -

Das Zeitalter der KI

Das Zeitalter der KI: Und unsere menschliche Zukunft ist ein Sachbuch aus dem Jahr 2021 über die gesellschaftlichen und geopolitischen Auswirkungen künstlicher Intelligenz, verfasst von Henry A. Kissinger, Eric Schmidt und Daniel Huttenlocher. Es verbindet außenpolitische, wirtschaftliche und akademische Perspektiven, um zu zeigen, wie KI die Art und Weise, wie Wissen geschaffen und Macht organisiert wird, verändert.

Wichtige Fakten

- **Vollständiger Titel:** Das Zeitalter der KI: Und unsere menschliche Zukunft
- **Autoren:** Henry A. Kissinger, Eric Schmidt, Daniel Huttenlocher
- **Erscheinungsjahr:** 2021 (Little, Brown and Company)
- **Umfang:** Je nach Ausgabe etwa 270–290 Seiten
- **Hauptthema:** Wie KI Wissen, Macht und die internationale Ordnung neu gestaltet

Hintergrund und Autorenschaft

Das Buch vereint drei unterschiedliche Hintergründe: Kissinger als erfahrener Diplomat und Stratege, Schmidt als ehemaliger CEO von Google und Huttenlocher als Informatiker und akademischer Leiter. Ihre Zusammenarbeit entstand aus der gemeinsamen Sorge, dass der Aufstieg der KI menschliche Angelegenheiten ebenso tiefgreifend verändert wie der Buchdruck oder die wissenschaftliche Revolution – jedoch schneller und mit weniger öffentlichem Verständnis.

Kern-Themen und Argumente
Das Buch argumentiert, dass KI-Systeme nicht nur Informationen verarbeiten, sondern neuartige Muster, Vorhersagen und Strategien erzeugen, die Menschen möglicherweise nicht vollständig nachvollziehen oder erklären können. Dies untergräbt traditionelle Vorstellungen von Kausalität, Fachwissen und Verantwortung. Die Autoren untersuchen, wie dieser Wandel Diplomatie, Militärstrategie, wirtschaftlichen Wettbewerb und Innenpolitik beeinflussen könnte, und fordern neue konzeptionelle Rahmenwerke und Institutionen, um mit der Macht der KI umzugehen.

Stil, Struktur und Aufnahme
Der Text ist essayistisch und reflektierend, nicht technisch, und richtet sich eher an politische Entscheidungsträger und allgemeine Leser als an Ingenieure. Rezensenten merken an, dass das Buch eine breite, übergeordnete Roadmap und wirkungsvolle Metaphern biete, aber in technischen Details und empirischer Strenge knapp sein könne; einige Kritiker argumentieren, dass es zur „KI-Hype" beitrage, indem es die transformative Kraft der KI betone, ohne immer genau zwischen aktuellen Grenzen und Möglichkeiten zu unterscheiden.

Stellung im KI-Diskurs
Das Zeitalter der KI reiht sich neben andere große Werke über KI und Gesellschaft ein und beeinflusst Debatten über KI-Governance, nationale Sicherheit und Ethik. Die Autoren haben ihre Argumente in Gastbeiträgen und politischen Diskussionen weiter ausgeführt und KI als strategische Technologie dargestellt, die ein anhaltendes öffentliches, akademisches und staatliches Engagement erfordert.

Architekten der Intelligenz
„Architects of Intelligence: The Truth About AI from the People Building It“ ist ein Sachbuch aus dem Jahr 2018 des Futuristen und Autors Martin Ford. Es präsentiert ausführliche Interviews mit 23 führenden Persönlichkeiten der künstlichen Intelligenz über die Zukunft der KI, ihre technische Entwicklung sowie ihre sozialen, wirtschaftlichen und ethischen Auswirkungen.

Wichtige Fakten

- **Autor:** Martin Ford
- **Erscheinungsjahr:** 2018
- **Verlag:** Packt Publishing
- **Form:** Interviewbasierte Sachliteratur, etwa 550 Seiten
- **Thema:** Zukunft der künstlichen Intelligenz und ihre Auswirkungen auf Arbeit, Wirtschaft und Gesellschaft

Inhalt und Struktur
Das Buch ist als eine Reihe von tiefgehenden Einzelinterviews mit prominenten Forschern und Unternehmern im Bereich KI organisiert. Zu den Interviewten gehören Persönlichkeiten wie Demis Hassabis, Geoffrey Hinton, Yann LeCun, Yoshua Bengio, Fei-Fei Li, Nick Bostrom, Andrew Ng und andere.
Jedes Kapitel konzentriert sich auf die Perspektive eines Experten und behandelt Themen wie Deep Learning, Reinforcement Learning, Robotik und die Aussichten auf allgemeine künstliche Intelligenz (AGI). Die Gespräche erkunden sowohl technische Richtungen als auch übergreifende Fragen zu Zeitplänen, Chancen und systemischen Risiken.

Themen und Schwerpunkte
Ein zentrales Thema ist, wie KI die Arbeitsmärkte und die Weltwirtschaft verändern wird. Ford thematisiert wiederholt Fragen wie technologisch bedingte

Arbeitslosigkeit, Ungleichheit und mögliche politische Antworten, einschließlich sozialer Sicherheitsnetze und neuer Wirtschaftsmodelle. Die Interviewten sind sich oft uneinig über Zeitpläne und das Ausmaß der Umwälzungen, was ein Spektrum an Expertenmeinungen bietet statt einer einzigen Prognose.
Ein weiterer Schwerpunkt sind KI-Sicherheit und Ethik: Ausrichtungsprobleme, autonome Waffen, Verzerrungen in Systemen des maschinellen Lernens und die Steuerung mächtiger KI-Technologien. Mehrere Interviews betrachten Wege zu menschlicher oder übermenschlicher KI und diskutieren, ob diese Fortschritte kurz-, langfristig oder überhaupt wünschenswert sind.

Aufnahme und Bedeutung
„Architekten der Intelligenz" gilt als „Momentaufnahme" der Meinungen der KI-Elite während des Deep-Learning-Booms der späten 2010er Jahre. Kommentatoren haben es als nützliche Ressource hervorgehoben, um zu verstehen, wie führende Praktiker selbst über Auswirkungen, Zeitpläne und Unsicherheiten in der Entwicklung der KI denken.

- Macht und Überwachung

Das Zeitalter des Überwachungskapitalismus
Das Zeitalter des Überwachungskapitalismus: Der Kampf um eine menschliche Zukunft an der neuen Grenze der Macht ist ein Sachbuch aus dem Jahr 2019 der Wissenschaftlerin Shoshana Zuboff. Es untersucht, wie große Technologieunternehmen persönliche Daten ausbeuten, um Verhalten zu formen und Gewinne zu erzielen. Das Werk wird wegen seiner kritischen Analyse des digitalen Kapitalismus und seiner gesellschaftlichen Folgen breit diskutiert.

Wichtige Fakten

- **Autorin:** Shoshana Zuboff
- **Erscheinungsjahr:** 2019 (PublicAffairs)
- **Genre:** Sachbuch, Technologie, Politische Ökonomie
- **Hauptfokus:** Unternehmerische Nutzung persönlicher Daten zur Verhaltensvorhersage
- **Umfang:** Etwa 700 Seiten

Konzept und Argument

Zuboff führt den Begriff *Überwachungskapitalismus* ein, um ein Wirtschaftssystem zu beschreiben, in dem Unternehmen wie Google, Facebook und andere die private menschliche Erfahrung als Rohstoff für die Datenextraktion beanspruchen. Diese Daten werden zu Vorhersageprodukten verarbeitet, die an Werbetreibende und andere Akteure verkauft werden, die Verhalten vorhersagen und beeinflussen wollen. Zuboff argumentiert, dass diese Dynamik eine neue Phase des Kapitalismus markiert, die Autonomie und Demokratie bedroht.

Historischer Kontext

Das Buch verortet den Überwachungskapitalismus in der Folge der Kommerzialisierung des frühen Internets und des Aufstiegs datengesteuerter Geschäftsmodelle in den 2000er Jahren. Es zeichnet eine Linie vom Industriekapitalismus mit seiner Kontrolle über die Natur zum digitalen Kapitalismus mit seiner Kontrolle über menschliches Verhalten. Zuboff stellt diese neue Form der Macht früheren Vorstellungen eines Informationskapitalismus gegenüber, die partizipativer und transparenter waren.

Rezeption und Einfluss

Das Zeitalter des Überwachungskapitalismus erhielt für seine Tiefe und Breite große Anerkennung und wird oft mit klassischen Gesellschaftskritiken des

Industriekapitalismus verglichen. Es hat Debatten in der Technologiepolitik, im Datenschutzrecht und in der digitalen Ethik beeinflusst und eine erneute Diskussion über Datenrechte und Plattformregulierung angestoßen. Kritiker merken den dichten Stil an, erkennen das Buch aber als grundlegenden Text zum Verständnis zeitgenössischer digitaler Machtstrukturen an.

Plattformkapitalismus

Plattformkapitalismus ist ein Buch aus dem Jahr 2016 des politischen Ökonomen Nick Srnicek. Es analysiert, wie digitale Plattformen – wie die von Google, Amazon und Uber betriebenen – den Kapitalismus umgestalten, indem sie durch Datenkontrolle und Netzwerkeffekte neue Formen der Wertschöpfung und Marktbeherrschung schaffen.

Wichtige Fakten

- **Autor:** Nick Srnicek
- **Erscheinungsjahr:** 2016
- **Verlag:** Polity Press
- **Genre:** Politische Ökonomie, Technologiestudien
- **Hauptfokus:** Wirtschaftliche Logik digitaler Plattformen

Hintergrund und Kontext

Das Buch verortet sich in Debatten über den postindustriellen Kapitalismus und den Aufstieg der digitalen Wirtschaft. Srnicek argumentiert, dass Unternehmen nach der Finanzkrise von 2008 nach neuen Gewinnmodellen suchten, was zur Ausweitung datengesteuerter Geschäftsstrukturen führte, die als Plattformen bezeichnet werden. Dieser Wandel stellt eine neue Stufe der kapitalistischen Entwicklung dar, keine Abkehr von ihr.

Kernargumente
Srnicek klassifiziert Plattformen in Kategorien – Werbe-, Cloud-, Industrie-, Produkt- und Lean-Plattformen – um zu erklären, wie jede einzelne Daten extrahiert und monetarisiert. Er behauptet, dass diese Firmen von Netzwerkeffekten profitieren, was zu monopolistischen oder oligopolistischen Marktergebnissen führt. Daten werden zur zentralen Ware, die prädiktive Analytik und gezielte Dienstleistungen ermöglicht, die die Unternehmensmacht verstärken.

Rezeption und Einfluss
Das Buch wird in akademischen und politischen Kreisen breit diskutiert, da es einen klaren theoretischen Rahmen zum Verständnis von Unternehmen wie Facebook und Uber bietet. Wissenschaftler der digitalen Arbeit, der kritischen Technologiestudien und der politischen Ökonomie nutzen es oft als grundlegenden Text, um den „Plattformkapitalismus" als eigenständige Wirtschaftsform zu beschreiben.

Vermächtnis und Relevanz
Plattformkapitalismus bleibt einflussreich in Diskussionen über digitale Regulierung, Überwachung und Automatisierung. Es fließt weiterhin in Analysen darüber ein, wie technologische Infrastrukturen Arbeit, Ungleichheit und den globalen Wettbewerb im 21. Jahrhundert prägen.

- **Finanzsysteme**

Flash Boys

Flash Boys: Eine Wall-Street-Revolte ist ein Sachbuch von Michael Lewis, das 2014 veröffentlicht wurde. Es untersucht den Aufstieg des Hochfrequenzhandels (High-Frequency Trading, HFT) an den US-Aktienmärkten und argumentiert, dass fortgeschrittene Technologie es bestimmten Firmen ermöglichte, unfaire Vorteile zu erlangen. Das Werk wurde durch seine zugängliche Enthüllung der modernen Marktstruktur zum Bestseller.

Wichtige Fakten

- **Autor:** Michael Lewis
- **Erscheinungsjahr:** 2014
- **Verlag:** W. W. Norton & Company
- **Thema:** Hochfrequenzhandel und Marktfairness
- **Genre:** Investigativer Finanz-Sachbuch

Hintergrund und Kontext

Michael Lewis, bekannt für Werke wie *The Big Short* und *Moneyball*, richtete seine Aufmerksamkeit nach der Krise von 2008 auf die technologische Transformation der Finanzmärkte. *Flash Boys* zeichnet nach, wie fragmentierte Börsen, Glasfaserkabel und algorithmische Strategien den Aktienhandel veränderten und das Vertrauen der Anleger in die Markttransparenz untergruben.

Inhaltsangabe

Die Erzählung konzentriert sich auf Brad Katsuyama, einen Händler bei der Royal Bank of Canada, der entdeckt, dass seine Aufträge durch schnellere Händler systematisch benachteiligt werden. Er und sein Team decken auf, wie Millisekunden Latenz HFT-Firmen ermöglichen, Geschäfte „vorzulaufen" (Frontrunning). Ihre Antwort ist die Schaffung der Investors Exchange (IEX), die Geschwindigkeitsvorteile durch eine „Tempobremse" neutralisieren soll, die Aufträge um Mikrosekunden verzögert.

Wirkung und Rezeption
Das Buch entfachte die Debatte über Marktfairness und die Rolle der Technologie im Finanzwesen neu. Es führte zu Kongressanhörungen und regulatorischer Überprüfung von HFT-Praktiken. Kritiker aus der Handelsgemeinschaft argumentierten, Lewis habe den Schaden übertrieben, während Befürworter die Klarheit des Buches bei der Enthüllung undurchsichtiger Systeme lobten. Es erreichte die Spitze der *New York Times*-Bestsellerliste und beeinflusste die öffentliche Wahrnehmung des modernen Finanzwesens.

Vermächtnis
Flash Boys bleibt ein Schlüsseltext in Diskussionen über Finanzethik, Marktdesign und algorithmischen Handel. Es trug dazu bei, Katsuyama und IEX als Reformbefürworter bekannt zu machen, und festigte Lewis' Ruf als führender Chronist systemischen Wandels in komplexen Branchen.

Dark Pools
Dark Pools: Der Aufstieg der maschinellen Händler und die Manipulation des US-Aktienmarktes ist ein Sachbuch aus dem Jahr 2012 des Finanzjournalisten Scott Patterson. Es untersucht die Entwicklung des Hochfrequenz- und algorithmischen Handels und deren Auswirkungen auf die modernen Finanzmärkte. Das Buch erlangte Aufmerksamkeit durch seine detaillierte Darstellung, wie Technologie die Handelsinfrastruktur der Wall Street umgestaltete.

Wichtige Fakten

- **Autor:** Scott Patterson
- **Erscheinungsjahr:** 2012
- **Genre:** Sachbuch, Finanzen
- **Verlag:** Crown Business
- **Thema:** Hochfrequenzhandel und Marktstruktur

Hintergrund und Prämisse
Patterson, ein Reporter des *Wall Street Journal*, zeichnet die Geschichte des elektronischen Handels von seinen frühen Entwicklungen in den 1990er Jahren bis in die 2000er Jahre nach. Er erforscht, wie eine kleine Gruppe von Programmierern und quantitativen Analysten algorithmische Systeme entwickelte, die schließlich die Handelsvolumina dominierten. Der Buchtitel bezieht sich auf „Dark Pools", private Handelsplattformen oder -foren für Wertpapiere außerhalb der öffentlichen Aktienmärkte.

Inhalt und Themen
Dark Pools untersucht die technologischen und ethischen Folgen des Wandels vom menschlichen zum maschinengesteuerten Handel. Es beschreibt detailliert, wie Hochfrequenzhändler Millisekunden-Vorteile ausnutzten und wie undurchsichtige Handelsplätze die Markttransparenz untergruben. Patterson präsentiert dies sowohl als Innovationsgeschichte als auch als warnendes Beispiel für systemische Risiken und Fairness auf den Kapitalmärkten.

Rezeption und Einfluss
Das Buch wurde dafür gelobt, komplexe Finanzsysteme für allgemeine Leser zugänglich zu machen, während es journalistische Genauigkeit bewahrte. Kritiker verglichen es mit *Flash Boys* von Michael Lewis, das später erschien und ein ähnliches Gebiet erkundete. *Dark Pools* beeinflusste öffentliche und

regulatorische Debatten über die Marktstruktur und bleibt ein Bezugspunkt in Diskussionen über finanzielle Automatisierung und Ethik.

- Systemtheorie

Soziale Systeme

Soziale Systeme ist ein Buch des deutschen Soziologen Niklas Luhmann aus dem Jahr 1984. Es ist eines seiner einflussreichsten Werke, das eine allgemeine Theorie sozialer Systeme entwirft, welche die Soziologie des späten 20. Jahrhunderts prägte. Das Buch präsentiert eine radikale Neuinterpretation der Gesellschaft mithilfe der Systemtheorie und Kybernetik, wobei es Kommunikation statt Handlung in den Mittelpunkt des sozialen Lebens stellt.

Wichtige Fakten

- **Autor:** Niklas Luhmann
- **Erstveröffentlichung:** 1984 (Suhrkamp Verlag, Frankfurt am Main)
- **Sprache:** Deutsch
- **Englische Übersetzung:** *Social Systems* (1995, übersetzt von John Bednarz Jr. und Dirk Baecker)
- **Disziplin:** Soziologie / Systemtheorie

Theoretischer Hintergrund

Luhmann entwickelte *Soziale Systeme* als Teil seines umfassenderen Projekts, die ursprünglich aus der Biologie stammende Theorie autopoietischer Systeme auf die soziale Welt anzuwenden. Er baute auf Ideen von Talcott Parsons, Humberto Maturana und Francisco Varela auf, um die Gesellschaft als ein selbstherstellendes Netzwerk von Kommunikationen zu beschreiben, das von Individuen oder psychischen Systemen unterschieden ist.

Kernkonzepte
Das Buch argumentiert, dass soziale Systeme autopoietisch sind – sie reproduzieren sich selbst durch Kommunikation. Kommunikation, nicht individuelles Bewusstsein oder Handeln, ist die Analyseeinheit. Luhmann definiert mehrere Subsysteme (z. B. Recht, Politik, Wirtschaft), die über eigene binäre Codes operieren und operative Geschlossenheit bewahren, während sie ihrer Umwelt gegenüber kognitiv offen sind.

Einfluss und Rezeption
Soziale Systeme markierte einen Wendepunkt in der Systemtheorie und der europäischen Soziologie und beeinflusste Bereiche wie Organisationstheorie, Rechtssoziologie und Medientheorie. Obwohl oft als schwierig und abstrakt angesehen, etablierte es Luhmann als bedeutende Figur der zeitgenössischen Sozialtheorie und trug zur Entwicklung der Kybernetik zweiter Ordnung bei.

Vermächtnis
Die Ideen aus *Soziale Systeme* wurden in Luhmanns späteren Werken fortgeführt, insbesondere in *Die Gesellschaft der Gesellschaft* (1997). Die englische Übersetzung erweiterte seine internationale Wirkung und integrierte die Systemtheorie in soziologische und philosophische Debatten außerhalb Deutschlands.

Die protestantische Ethik und der Geist des Kapitalismus

Die protestantische Ethik und der Geist des Kapitalismus ist ein soziologisches Werk von Max Weber, das erstmals 1904–1905 veröffentlicht wurde. Es untersucht, wie protestantische religiöse Werte – insbesondere die des Calvinismus – dazu beitrugen, die kulturellen Bedingungen zu formen, die den Aufstieg des modernen Kapitalismus in Westeuropa förderten.

Wichtige Fakten

- **Autor:** Max Weber
- **Erstveröffentlichung:** 1904–1905 (überarbeitet 1920)
- **Sprache:** Deutsch
- **Thema:** Soziologie, Ökonomie, Religion
- **Kernaussage:** Zusammenhang zwischen protestantischer Ethik und kapitalistischem Geist

Hintergrund und Zweck

Weber schrieb das Buch als Teil einer umfassenderen Untersuchung des Verhältnisses zwischen Religion und wirtschaftlichem Handeln. Er widersprach rein materialistischen Erklärungen des Kapitalismus und argumentierte, dass auch kulturelle und geistige Faktoren eine entscheidende Rolle spielten. Seine Analyse baute auf früheren Arbeiten in Soziologie und Ökonomie auf, führte aber einen besonderen Fokus auf moralische Motivation ein.

Hauptargument

Weber vertrat die These, dass Aspekte des Protestantismus – insbesondere die calvinistische Idee der „Berufung“ und der Glaube an die Prädestination – zu disziplinierter, rationaler Arbeit und zur Wiederanlage von Gewinnen anstelle von verschwenderischem Konsum ermutigten. Im Laufe der Zeit förderte diese Ethos einen „Geist“, der der kapitalistischen

Unternehmung und bürokratischen Organisation förderlich war, selbst nachdem seine religiösen Ursprünge verblasst waren.

Einfluss und Rezeption
Das Werk ist ein grundlegender Text der Religionssoziologie und Wirtschaftssoziologie. Es beeinflusste spätere Denker wie Talcott Parsons und prägte Debatten über Modernisierung und Säkularisierung. Obwohl einige Historiker Webers kausale Behauptungen in Frage gestellt haben, bleibt sein Konzept der „protestantischen Ethik“ ein zentrales Analyseinstrument zum Verständnis der kulturellen Wurzeln des westlichen Kapitalismus.

Vermächtnis
Noch heute fließt *Die protestantische Ethik und der Geist des Kapitalismus* in Studien der Soziologie, Ökonomie und Kulturgeschichte ein. Es ist ein Beispiel für Webers umfassenderes Projekt der Analyse der Rationalisierung der westlichen Gesellschaft und der Spannungen zwischen wirtschaftlichem Fortschritt und spirituellem Sinn.

- Technikphilosophie

Die Frage nach der Technik
Die Frage nach der Technik ist ein Essay des deutschen Philosophen Martin Heidegger aus dem Jahr 1954. Er untersucht das Wesen der modernen Technik jenseits ihrer instrumentellen Nutzung und argumentiert, dass Technik die Art und Weise prägt, wie Menschen die Welt erschließen und zu ihr in Beziehung treten. Der Essay gilt bis heute als eines der einflussreichsten und am weitesten verbreiteten Werke Heideggers in der Philosophie des 20. Jahrhunderts.

Wichtige Fakten

- **Autor:** Martin Heidegger
- **Erstveröffentlichung:** 1954 (Vortrag gehalten 1953)
- **Originalsprache:** Deutsch
- **Zentraler Begriff:** Gestell
- **Enthalten in:** *Vorträge und Aufsätze* (1954)

Philosophischer Hintergrund

Heidegger verfasste diesen Essay während seiner späteren Schaffensperiode, als er sich von der Existenzialanalyse hin zu Fragen des Seins wandte. Aufbauend auf früheren Arbeiten wie *Sein und Zeit* versuchte er zu ergründen, wie technisches Denken das Wesen des Seins offenbart – oder verdeckt. Der Essay war Teil einer Vortragsreihe, die Metaphysik, Kunst und Moderne verband.

Kernargument

Heidegger unterscheidet zwischen Technik als Werkzeug (instrumentell) und als Weise des Entbergens (ontologisch). Die moderne Technik, so behauptet er, „stellt" die Welt (Gestell), indem sie sie als „Bestand" von Ressourcen ordnet, die zur Nutzung bereitstehen. Dieses Gestell verdeckt alternative Weisen der Wahrheitserschließung und gefährdet dadurch einen poetischeren oder besinnlicheren Bezug zum Sein.

Einfluss und Interpretation

Die Frage nach der Technik beeinflusste die kontinentale Philosophie, die Wissenschafts- und Technologieforschung sowie das ökologische Denken nachhaltig. Denker wie Jacques Ellul, Herbert Marcuse und spätere Phänomenologen erweiterten oder kritisierten Heideggers Darstellung. Der Essay prägt weiterhin Debatten über technologischen Determinismus, Ethik und ökologische Verantwortung.

Vermächtnis
Heute ist *Die Frage nach der Technik* ein grundlegender Text der Technikphilosophie und der Medienwissenschaft. Seine Begriffe – insbesondere *Gestell* und *Bestand* – sind zum Standard geworden, um zu analysieren, wie Technologie Wahrnehmung, Kultur und Macht in der modernen Welt strukturiert.